PRÉFACE

La collection de guides de conversation "Tout ira bien!", publié par T&P Books, est conçue pour les gens qui voyagent par affaire ou par plaisir. Les guides de conversations contiennent le plus important - l'essentiel pour la communication de base. Il s'agit d'une série indispensable de phrases pour survivre à l'étranger.

Ce guide de conversation vous aidera dans la plupart des cas où vous devez demander quelque chose, trouver une direction, découvrir le prix d'un souvenir, etc. Il peut aussi résoudre des situations de communication difficile lorsque la gesticulation n'aide pas.

Le livre contient beaucoup de phrases qui ont été groupées par thèmes. Vous trouverez aussi un vocabulaire des 3000 mots les plus couramment utilisés. Une autre section du guide contient un glossaire gastronomique qui peut être utile lorsque vous faites le marché ou commandez des plats au restaurant.

Emmenez avec vous un guide de conversation "Tout ira bien!" sur la route et vous aurez un compagnon de voyage irremplaçable qui vous aidera à vous sortir de toutes les situations et vous enseignera à ne pas avoir peur de parler aux étrangers.

TABLE DES MATIÈRES

T&P Books Publishing

T&P Books Publishing

GUIDE DE CONVERSATION

— SUÉDOIS —

Par Andrey Taranov

LES PHRASES LES PLUS UTILES

Ce guide de conversation contient les phrases et les questions les plus communes et nécessaires pour communiquer avec des étrangers

T&P BOOKS

Guide de conversation + dictionnaire de 3000 mots

Guide de conversation Français-Suédois et vocabulaire thématique de 3000 mots

Par Andrey Taranov

La collection de guides de conversation "Tout ira bien!", publiée par T&P Books, est conçue pour les gens qui voyagent par affaire ou par plaisir. Les guides contiennent l'essentiel pour la communication de base. Il s'agit d'une série indispensable de phrases pour "survivre" à l'étranger.

Ce livre inclut un dictionnaire thématique qui contient près de 3000 des mots les plus fréquemment utilisés. Une autre section du guide contient un glossaire gastronomique qui peut être utile lorsque vous faites le marché ou commandez des plats au restaurant.

T&P Books Publishing
www.tpbooks.com

ISBN: 978-1-78616-785-9

Ce livre existe également en format électronique.
Pour plus d'informations, veuillez consulter notre site: www.tpbooks.com
ou rendez-vous sur ceux des grandes librairies en ligne.

PRONONCIATION

Lettre	Exemple en suédois	Alphabet phonétique T&P	Exemple en français
Aa	bada	[ɑ], [ɑ:]	classe
Bb	tabell	[b]	bureau
Cc [1]	licens	[s]	syndicat
Cc [2]	container	[k]	bocal
Dd	andra	[d]	document
Ee	efter	[e]	équipe
Ff	flera	[f]	formule
Gg [3]	gömma	[j]	maillot
Gg [4]	truga	[g]	gris
Hh	handla	[h]	[h] aspiré
Ii	tillhöra	[i:], [ɪ]	liste
Jj	jaga	[j]	maillot
Kk [5]	keramisk	[ç]	chiffre
Kk [6]	frisk	[k]	bocal
Ll	tal	[l]	vélo
Mm	medalj	[m]	minéral
Nn	panik	[n]	ananas
Oo	tolv	[ɔ]	robinet
Pp	plommon	[p]	panama
Qq	squash	[k]	bocal
Rr	spelregler	[r]	racine, rouge
Ss	spara	[s]	syndicat
Tt	tillhöra	[t]	tennis
Uu	ungefär	[u], [ʉ:]	route, consul
Vv	overall	[v]	rivière
Ww [7]	kiwi	[w]	iguane
Xx	sax	[ks]	taxi
Yy	manikyr	[y], [y:]	sucre
Zz	zoolog	[s]	syndicat
Åå	sångare	[ə]	record
Ää	tandläkare	[æ]	maire
Öö	kompositör	[ø]	peu profond

Lettre	Exemple en suédois	Alphabet phonétique T&P	Exemple en français

Combinaisons de lettres

Lettre	Exemple en suédois	Alphabet phonétique T&P	Exemple en français
Ss [8]	sjösjuka	[ʃ]	chariot
sk [9]	skicka	[ʃ]	chariot
s [10]	först	[ʃ]	chariot
J j [11]	djärv	[j]	maillot
Lj [12]	ljus	[j]	maillot
kj, tj	kjol	[ɕ]	chiffre
ng	omkring	[ŋ]	parking

Remarques

[*] **kj** se prononce
[**] **ng** produit un son nasal
[1] devant **e, i, y**
[2] dans les autres cas
[3] devant **e, i, ä, ö**
[4] dans les autres cas
[5] devant **e, i, ä, ö**
[6] dans les autres cas
[7] dans les mots d'origine étrangère
[8] dans **sj, skj, stj**
[9] devant les voyelles accentuées **e, i, y, ä, ö**
[10] dans la combinaison de lettres **rs**
[11] dans **dj, hj, gj, kj**
[12] en début de mot

LISTE DES ABRÉVIATIONS

Abréviations en français

adj	-	adjective
adv	-	adverbe
anim.	-	animé
conj	-	conjonction
dénombr.	-	dénombrable
etc.	-	et cetera
f	-	nom féminin
f pl	-	féminin pluriel
fam.	-	familiar
fem.	-	féminin
form.	-	formal
inanim.	-	inanimé
indénombr.	-	indénombrable
m	-	nom masculin
m pl	-	masculin pluriel
m, f	-	masculin, féminin
masc.	-	masculin
math	-	mathematics
mil.	-	militaire
pl	-	pluriel
prep	-	préposition
pron	-	pronom
qch	-	quelque chose
qn	-	quelqu'un
sing.	-	singulier
v aux	-	verbe auxiliaire
v imp	-	verbe impersonnel
vi	-	verbe intransitif
vi, vt	-	verbe intransitif, transitif
vp	-	verbe pronominal
vt	-	verbe transitif

Abréviations en suédois

pl	-	pluriel

Les articles en suédois

den	-	genre commun
det	-	neutre
en	-	genre commun
ett	-	neutre

T&P BOOKS

GUIDE DE
CONVERSATION
SUÉDOIS

Cette section contient
des phrases importantes
qui peuvent être utiles dans
des situations courantes.
Le guide vous aidera
à demander des directions,
clarifier le prix, acheter
des billets et commander
des plats au restaurant

T&P Books Publishing

CONTENU DU GUIDE DE CONVERSATION

T&P Books Publishing

Excusez-moi, ...	**Ursäkta mig, ...** [ʉ:'sɛkta mɛj, ...]
Bonjour	**Hej** [hɛj]
Merci	**Tack** [tak]
Au revoir	**Hej då** [hɛj do:]
Oui	**Ja** [ja]
Non	**Nej** [nɛj]
Je ne sais pas.	**Jag vet inte.** [ja vet 'intə]
Où? I Où? I Quand?	**Var? I Vart? I När?** [var? I va:ʈ? I nɛr?]
J'ai besoin de ...	**Jag behöver ...** [ja be'høvər ...]
Je veux ...	**Jag vill ...** [ja vilʲ ...]
Avez-vous ... ?	**Har du ...?** [har dʉ: ...?]
Est-ce qu'il y a ... ici?	**Finns det ... här?** [fins dɛ ... hæ:r?]
Puis-je ... ?	**Får jag ... ?** [for ja: ...?]
s'il vous plaît (pour une demande)	**..., tack** [..., tak]
Je cherche ...	**Jag letar efter ...** [ja 'lʲetar 'ɛftər ...]
les toilettes	**en toalett** [en tua'lʲet]
un distributeur	**en uttagsautomat** [en ʉ:'ta:gs auto'mat]
une pharmacie	**ett apotek** [et apʊ'tek]
l'hôpital	**ett sjukhus** [et 'ɧʉ:khʊs]
le commissariat de police	**en polisstation** [en po'lis sta'ɧu:n]
une station de métro	**tunnelbanan** ['tʉnəlʲ 'ba:nan]

un taxi	**en taxi** [en 'taksi]
la gare	**en tågstation** [en 'to:g sta'ʃu:n]

Je m'appelle ...	**Jag heter ...** [ja 'hetər ...]
Comment vous appelez-vous?	**Vad heter du?** [vad 'hetər dʉ:?]
Aidez-moi, s'il vous plaît.	**Skulle du kunna hjälpa mig?** ['skʉlle dʉ: 'kuna 'jɛlpa mɛj?]
J'ai un problème.	**Jag har ett problem.** [ja har et prɔ'blem]
Je ne me sens pas bien.	**Jag mår inte bra.** [ja mor 'intə bra:]
Appelez une ambulance!	**Ring efter en ambulans!** ['riŋ 'ɛftər en ambʉ'l'ans!]
Puis-je faire un appel?	**Får jag ringa ett samtal?** [for ja 'riŋa et 'sa:mtal'?]

Excusez-moi.	**Jag är ledsen.** [ja ær 'l'esən]
Je vous en prie.	**Ingen orsak.** ['iŋen 'u:ʂak]

je, moi	**Jag, mig** [ja, mɛj]
tu, toi	**du** [dʉ]
il	**han** [han]
elle	**hon** [hon]
ils	**de:** [de:]
elles	**de:** [de:]
nous	**vi** [vi:]
vous	**ni** [ni]
Vous	**du, Ni** [dʉ:, ni:]

ENTRÉE	**INGÅNG** ['iŋo:ŋ]
SORTIE	**UTGÅNG** ['ʉtgo:ŋ]
HORS SERVICE	EN PANNE	**UR FUNKTION** [ʉ:r fʉnk'ʃu:n]
FERMÉ	**STÄNGT** ['stɛŋt]

OUVERT	**ÖPPET** ['øpet]
POUR LES FEMMES	**FÖR KVINNOR** [før 'kvinor]
POUR LES HOMMES	**FÖR MÄN** [før mɛn]

Questions

Où? (lieu)	**Var?** [var?]
Où? (direction)	**Vart?** [vaːʈ?]
D'où?	**Varifrån?** ['varifron?]
Pourquoi?	**Varför?** ['vaːføːr?]
Pour quelle raison?	**Av vilken anledning?** [aːv 'vilʲkən an'lʲedniŋ?]
Quand?	**När?** [nɛr?]
Combien de temps?	**Hur länge?** [huː 'lʲɛŋə?]
À quelle heure?	**Vilken tid?** ['vilʲkən tid?]
C'est combien?	**Hur länge?** [huː 'lʲɛŋə?]
Avez-vous ... ?	**Har du ...?** [har dʉː ...?]
Où est ..., s'il vous plaît?	**Var finns ...?** [var fins ...?]
Quelle heure est-il?	**Vad är klockan?** [vad ær 'klʲokan?]
Puis-je faire un appel?	**Får jag ringa ett samtal?** [for ja 'riŋa et 'saːmtalʲ?]
Qui est là?	**Vem är det?** [vem ær dɛ?]
Puis-je fumer ici?	**Får jag röka här?** [for ja 'røka hæːr?]
Puis-je ...?	**Får jag ...?** [for jaː ...?]

Besoins

Je voudrais …	**Jag skulle vilja …** [ja 'skuᶅe 'vilja …]
Je ne veux pas …	**Jag vill inte …** [ja vilʲ 'intə …]
J'ai soif.	**Jag är törstig.** [ja ær 'tø:ʂtig]
Je veux dormir.	**Jag vill sova.** [ja vilʲ 'so:va]
Je veux …	**Jag vill …** [ja vilʲ …]
me laver	**tvätta mig** ['tvɛta mɛj]
brosser mes dents	**borsta tänderna** ['bo:ʂta 'tɛndeɳa]
me reposer un instant	**vila en stund** ['vilʲa en stund]
changer de vêtements	**att byta kläder** [at 'byta 'klʲɛ:dər]
retourner à l'hôtel	**gå tillbaka till hotellet** ['go tilʲ'baka tilʲ ho'telʲet]
acheter …	**köpa …** ['ɕøpa …]
aller à …	**ta mig till …** [ta mɛj tilʲ …]
visiter …	**besöka …** [be'søka …]
rencontrer …	**träffa …** ['trɛfa …]
faire un appel	**ringa ett samtal** ['riŋa et 'samtalʲ]
Je suis fatigué /fatiguée/	**Jag är trött.** [ja ær trøt]
Nous sommes fatigués /fatiguées/	**Vi är trötta.** [vi: ær 'trøta]
J'ai froid.	**Jag fryser.** [ja 'frysər]
J'ai chaud.	**Jag är varm.** [ja ær varm]
Je suis bien.	**Jag är okej.** [ja ær ɔ'kej]

Il me faut faire un appel.

Jag behöver ringa ett samtal.
[ja be'høvər 'riŋa et 'samtalʲ]

J'ai besoin d'aller aux toilettes.

Jag behöver gå på toaletten.
[ja be'høvər go pɔ tua'lʲetən]

Il faut que j'aille.

Jag måste ge mig av.
[ja 'mostə je mɛj av]

Je dois partir maintenant.

Jag måste ge mig av nu.
[ja 'mostə je mɛj av nʉ:]

Comment demander la direction

Excusez-moi, ...	**Ursäkta mig, ...** [ʉ:'sɛkta mɛj, ...]
Où est ..., s'il vous plaît?	**Var finns ...?** [var fins ...?]
Dans quelle direction est ... ?	**Åt vilket håll ligger ...?** [ot 'vilʲket holʲ 'ligər ...?]
Pouvez-vous m'aider, s'il vous plaît ?	**Skulle du kunna hjälpa mig?** ['skʉlʲe dʉ: 'kuna 'jɛlʲpa mɛj?]
Je cherche ...	**Jag letar efter ...** [ja 'lʲetar 'ɛftər ...]
La sortie, s'il vous plaît?	**Jag letar efter utgången.** [ja 'lʲetar 'ɛftər 'ʉtgo:ŋən]
Je vais à ...	**Jag ska till ...** [ja ska tilʲ ...]
C'est la bonne direction pour ... ?	**Är jag på rätt väg till ...?** [ɛr ja pɔ rɛt vɛg tilʲ ...?]
C'est loin?	**Är det långt?** [ɛr dɛ 'lʲo:ŋt?]
Est-ce que je peux y aller à pied?	**Kan jag ta mig dit till fots?** [kan ja ta mɛj dit tilʲ 'fots?]
Pouvez-vous me le montrer sur la carte?	**Kan du visa mig på kartan?** [kan dʉ: 'vi:sa mɛj pɔ 'ka:ʈan?]
Montrez-moi où sommes-nous, s'il vous plaît.	**Kan du visa mig var vi är nu.** [kan dʉ: 'vi:sa mɛj var vi ær nʉ:]
Ici	**Här** [hæ:r]
Là-bas	**Där** [dɛr]
Par ici	**Den här vägen** [den hæ:r 'vɛgən]
Tournez à droite.	**Sväng höger.** ['svɛŋ 'høgər]
Tournez à gauche.	**Sväng vänster.** ['svɛŋ 'vɛnstər]
Prenez la première (deuxième, troisième) rue.	**första (andra, tredje) sväng** ['fø:ʂta ('andra, 'tre:dje) svɛŋ]
à droite	**till höger** [tilʲ 'høgər]

à gauche

till vänster
[tilʲ 'vɛnstər]

Continuez tout droit.

Gå rakt fram.
['go rakt fram]

Affiches, Pancartes

BIENVENUE!	**VÄLKOMMEN!** ['vɛlʲkomən!]
ENTRÉE	**INGÅNG** ['iŋo:ŋ]
SORTIE	**UTGÅNG** ['ʉtgo:ŋ]

POUSSEZ	**TRYCK** [trʏk]
TIREZ	**DRA** [dra:]
OUVERT	**ÖPPET** ['øpet]
FERMÉ	**STÄNGT** ['stɛŋt]

POUR LES FEMMES	**FÖR KVINNOR** [før 'kvinor]
POUR LES HOMMES	**FÖR MÄN** [før mɛn]
MESSIEURS (m)	**HERRAR** ['hɛrrar]
FEMMES (f)	**DAMER** ['damər]

RABAIS | SOLDES	**RABATT** [ra'bat]
PROMOTION	**REA** ['rea]
GRATUIT	**GRATIS** ['gratis]
NOUVEAU!	**NYHET!** ['nyhet!]
ATTENTION!	**VARNING!** ['varniŋ!]

COMPLET	**FULLBOKAT** [fulʲ'bokat]
RÉSERVÉ	**RESERVERAT** [resɛr'verat]
ADMINISTRATION	**DIREKTÖR** [direk'tør]
PERSONNEL SEULEMENT	**ENDAST PERSONAL** ['ɛndast pɛ:ʂo'nalʲ]

ATTENTION AU CHIEN!   **VARNING FÖR HUNDEN!**
['varniŋ før 'hʉndən!]

NE PAS FUMER!   **RÖKNING FÖRBJUDET!**
['røkniŋ før'bjʉ:det!]

NE PAS TOUCHER!   **RÖR EJ!**
[rør ɛj!]

DANGEREUX   **FARLIGT**
['fa:ligt]

DANGER   **FARA**
['fa:ra]

HAUTE TENSION   **HÖGSPÄNNING**
['høgspɛniŋ]

BAIGNADE INTERDITE!   **BAD FÖRBJUDET!**
[bad før'bjʉ:det!]

HORS SERVICE | EN PANNE   **UR FUNKTION**
[ʉ:r fʉnk'fju:n]

INFLAMMABLE   **BRANDFARLIGT**
['brand 'fa:ligt]

INTERDIT   **FÖRBJUDET**
[før'bjʉ:det]

ENTRÉE INTERDITE!   **TILLTRÄDE FÖRBJUDET!**
[tilˡtrɛdə før'bjʉ:det!]

PEINTURE FRAÎCHE   **NYMÅLAT**
['nymolˡat]

FERMÉ POUR TRAVAUX   **STÄNGT FÖR RENOVERING**
['stɛŋt før reno'veriŋ]

TRAVAUX EN COURS   **VÄGARBETE**
['vɛ:g ar'betə]

DÉVIATION   **OMLEDNINGSVÄG**
[ɔ:m'lˡedniŋs vɛg]

Transport - Phrases générales

avion	**plan** [plʲan]
train	**tåg** [toːg]
bus, autobus	**buss** [bus]
ferry	**färja** ['fæːrja]
taxi	**taxi** ['taksi]
voiture	**bil** [bilʲ]
horaire	**tidtabell** ['tid ta'bɛlʲ]
Où puis-je voir l'horaire?	**Var kan jag se tidtabellen?** [var kan ja se tid:ta'bɛlʲen?]
jours ouvrables	**vardagar** [vaːr'daːgar]
jours non ouvrables	**helger** ['heljer]
jours fériés	**helgdagar** ['heljˈdaːgar]
DÉPART	**AVGÅNGAR** ['avgoːŋar]
ARRIVÉE	**ANKOMSTER** ['ankomstər]
RETARDÉE	**FÖRSENAD** [føː'ʂenad]
ANNULÉE	**INSTÄLLD** ['instɛlʲd]
prochain (train, etc.)	**nästa** ['nɛsta]
premier	**första** ['føːʂta]
dernier	**sista** ['sista]
À quelle heure est le prochain ...?	**När går nästa ...?** [nɛr goːr 'nɛsta ...?]
À quelle heure est le premier ...?	**När går första ...?** [nɛr goːr 'føːʂta ...?]

À quelle heure est le dernier …?

När går sista ...?
[nɛr goːr 'sista ...?]

correspondance

byte
['byte]

prendre la correspondance

att göra ett byte
[at 'jøra et 'byte]

Dois-je prendre la correspondance?

Behöver jag byta?
[be'høver ja 'byta?]

Acheter un billet

Où puis-je acheter des billets?	**Var kan jag köpa biljetter?** [var kan ja 'ɕøpa bi'lʲetər?]
billet	**biljett** [bi'lʲet]
acheter un billet	**att köpa en biljett** [at 'ɕøpa en bi'lʲet]
le prix d'un billet	**biljettpris** [bi'lʲet pris]
Pour aller où?	**Vart?** [vaːt?]
Quelle destination?	**Till vilken station?** [tilʲ 'vilʲkən sta'ʃuːn?]
Je voudrais …	**Jag behöver …** [ja be'høvər …]
un billet	**en biljett** [en bi'lʲet]
deux billets	**två biljetter** [tvoː bi'lʲetər]
trois billets	**tre biljetter** [tre bi'lʲetər]
aller simple	**enkel** ['ɛnkəlʲ]
aller-retour	**tur och retur** ['tʉːr ɔ re'tʉːr]
première classe	**första klass** ['føːʂta klʲas]
classe économique	**andra klass** ['andra klʲas]
aujourd'hui	**idag** [idaːg]
demain	**imorgon** [i'mɔrgɔn]
après-demain	**i övermorgon** [i 'øːvə,mɔrgɔn]
dans la matinée	**på morgonen** [pɔ 'mɔrgɔnən]
l'après-midi	**på eftermiddagen** [pɔ 'ɛftə mid'dagən]
dans la soirée	**på kvällen** [pɔ 'kvɛlʲen]

siège côté couloir

gångplats
[goːŋ plʲats]

siège côté fenêtre

fönsterplats
[ˈfønstə plʲats]

C'est combien?

Hur mycket?
[hʉː ˈmʏkeʔ]

Puis-je payer avec la carte?

Kan jag betala med kreditkort?
[kan ja beˈtalʲa me kreˈdit koːʈʔ]

L'autobus

bus, autobus	**buss** [bus]
autocar	**långfärdsbuss** ['lʲɔŋfɛrds͵bus]
arrêt d'autobus	**busshållplats** ['bus 'holʲplʲats]
Où est l'arrêt d'autobus le plus proche?	**Var finns närmsta busshållplats?** [var fins 'nɛrmsta 'bus 'holʲplʲats?]

numéro	**nummer** ['numər]
Quel bus dois-je prendre pour aller à …?	**Vilken buss kan jag ta till …?** ['vilʲkən bus kan ja ta tilʲ …?]
Est-ce que ce bus va à …?	**Går den här bussen till …?** [goːr den hæːr 'busən tilʲ …?]
L'autobus passe tous les combien?	**Hur ofta går bussarna?** [huː 'ofta goːr 'busarna?]

chaque quart d'heure	**var femtonde minut** [var 'femtondə mi'nuːt]
chaque demi-heure	**varje halvtimme** ['varje 'halʲv͵timə]
chaque heure	**en gång i timmen** [en goːŋ i 'timən]
plusieurs fois par jour	**flera gånger om dagen** ['flʲera 'goːŋər om 'dagən]
… fois par jour	**… gånger om dagen** [… 'goːŋər om 'dagən]

horaire	**tidtabell** ['tid ta'bɛlʲ]
Où puis-je voir l'horaire?	**Var kan jag se tidtabellen?** [var kan ja se tid ta'bɛlʲen?]
À quelle heure passe le prochain bus?	**När går nästa buss?** [nɛr goːr 'nɛsta bus?]
À quelle heure passe le premier bus?	**När går första bussen?** [nɛr goːr 'føːʂta 'busən?]
À quelle heure passe le dernier bus?	**När går sista bussen?** [nɛr goːr 'sista 'busən?]

arrêt	**hållplats** ['holʲ͵plʲats]
prochain arrêt	**nästa hållplats** ['nɛsta 'holʲplʲats]

terminus

sista hållplatsen
['sista 'holʲplʲatsən]

Pouvez-vous arrêter ici, s'il vous plaît.

Vill du vara snäll och stanna här, tack.
[vilʲ dʉ: 'vaːra snɛlʲ o 'stana hæːr, tak]

Excusez-moi, c'est mon arrêt.

Ursäkta mig, detta är min hållplats.
[ʉ:'ʂɛkta mɛj, 'deta ær min 'holʲplʲats]

Train

train	**tåg** [toːg]
train de banlieue	**lokaltåg** [lʲoˈkalʲ toːg]
train de grande ligne	**fjärrtåg** [ˈfʲærˌtoːg]
la gare	**tågstation** [ˈtoːg staˈʃuːn]
Excusez-moi, où est la sortie vers les quais?	**Ursäkta mig, var är utgången till perrongen?** [ʉːˈʂɛkta mɛj, var ær ˈʉtgoːŋən tilʲ peˈroŋən?]
Est-ce que ce train va à ...?	**Går det här tåget till ...?** [goːr dɛ hæːr ˈtoːget tilʲ ...?]
le prochain train	**nästa tåg** [ˈnɛsta toːg]
À quelle heure est le prochain train?	**När går nästa tåg?** [nɛr goːr ˈnɛsta toːg?]
Où puis-je voir l'horaire?	**Var kan jag se tidtabellen?** [var kan ja se tid tabɛlʲen?]
De quel quai?	**Från vilken perrong?** [fron ˈvilʲkən peˈroŋ?]
À quelle heure arrive le train à ...?	**När ankommer tåget till ...?** [nɛr ˈankomer ˈtoːget tilʲ ...?]
Pouvez-vous m'aider, s'il vous plaît?	**Snälla hjälp mig.** [ˈsnɛlʲa jɛlʲp mɛj]
Je cherche ma place.	**Jag letar efter min plats.** [ja ˈlʲetar ˈɛfter min plʲats]
Nous cherchons nos places.	**Vi letar efter våra platser.** [vi ˈlʲetar ˈɛftə ˈvoːra ˈplʲatsər]
Ma place est occupée.	**Min plats är upptagen.** [min plʲats ær upˈtaːgen]
Nos places sont occupées.	**Våra platser är upptagna.** [ˈvoːra ˈplʲatsər ær upˈtagna]
Excusez-moi, mais c'est ma place.	**Jag är ledsen, men det här är min plats.** [ja ær ˈlʲesən, men dɛ hæːr ær min plʲats]

Est-ce que cette place est libre?

Är den här platsen upptagen?
[ɛr den hæːr ˈplʲatsən upˈtaːgən?]

Puis-je m'asseoir ici?

Kan jag sitta här?
[kan ja ˈsita hæːr?]

Sur le train - Dialogue (Pas de billet)

Votre billet, s'il vous plaît.	**Biljetten, tack.** [biˈlʲetən, tak]
Je n'ai pas de billet.	**Jag har ingen biljett.** [ja har ˈiŋen biˈlʲet]
J'ai perdu mon billet.	**Jag har förlorat min biljett.** [ja har føːˈlʲorat min biˈlʲet]
J'ai oublié mon billet à la maison.	**Jag har glömt min biljett hemma.** [ja har ˈglʲømt min biˈlʲet ˈhɛma]
Vous pouvez m'acheter un billet.	**Du kan köpa biljett av mig.** [dʉː kan ˈɕøpa biˈlʲet av mɛjj]
Vous devrez aussi payer une amende.	**Du kommer också behöva betala böter.** [dʉː ˈkomər ˈukso beˈhøva beˈtalʲa ˈbøtər]
D'accord.	**Okej.** [ɔˈkej]
Où allez-vous?	**Vart ska du?** [vaːʈ ska dʉː?]
Je vais à ...	**Jag ska till ...** [ja ska tilʲ ...]
Combien? Je ne comprend pas.	**Hur mycket? Jag förstår inte.** [hʉː ˈmʏke? ja føːˈʂtoːr ˈintə]
Pouvez-vous l'écrire, s'il vous plaît.	**Vill du skriva det.** [vilʲ dʉː ˈskriːva dɛ]
D'accord. Puis-je payer avec la carte?	**Bra. Kan jag betala med kreditkort?** [braː. kan ja beˈtalʲa me kreˈdit koːʈ?]
Oui, bien sûr.	**Ja, det kan du.** [ja, dɛ kan dʉ]
Voici votre reçu.	**Här är ert kvitto.** [hæːr ær eːʈ ˈkvito]
Désolé pour l'amende.	**Jag beklagar bötesavgiften.** [ja beˈklʲagar bøtesav ˈjiftən]
Ça va. C'est de ma faute.	**Det är okej. Det var mitt fel.** [deː ær ɔˈkej. dɛ var mit felʲ]
Bon voyage.	**Ha en trevlig resa.** [ha en ˈtrɛvlig ˈresa]

Taxi

taxi	**taxi** ['taksi]
chauffeur de taxi	**taxichaufför** ['taksi ʂo'fø:r]
prendre un taxi	**att ta en taxi** [at ta en 'taksi]
arrêt de taxi	**taxistation** ['taksi sta'ʃu:n]
Où puis-je trouver un taxi?	**Var kan jag få tag på en taxi?** [var kan ja fo tag po en 'taksi?]
appeler un taxi	**att ringa en taxi** [at 'riŋa en 'taksi]
Il me faut un taxi.	**Jag behöver en taxi.** [ja be'høver en 'taksi]
maintenant	**Omedelbart.** [u'medelˈbaːt]
Quelle est votre adresse?	**Vad har du för adress?** [vad har dɯ: før a'drɛs?]
Mon adresse est …	**Min adress är ...** [min a'drɛs ær ...]
Votre destination?	**Vart ska du åka?** [va:ʈ ska: dɯ: oka?]
Excusez-moi, …	**Ursäkta mig, ...** [ɯ:'ʂɛkta mɛj, ...]
Vous êtes libre ?	**Är du ledig?** [ɛr dɯ: 'lʲe:dig?]
Combien ça coûte pour aller à …?	**Vad kostar det att åka till ...?** [vad 'kostar dɛ at 'o:ka tilʲ ...?]
Vous savez où ça se trouve?	**Vet du var det ligger?** [vet dɯ: var dɛ 'ligər?]
À l'aéroport, s'il vous plaît.	**Till flygplatsen, tack.** [tilʲ 'flʲyg 'plʲatsən, tak]
Arrêtez ici, s'il vous plaît.	**Kan du stanna här, tack.** [kan dɯ: 'stana hæ:r, tak]
Ce n'est pas ici.	**Det är inte här.** [de: ær 'intə hɛr]
C'est la mauvaise adresse.	**Det här är fel adress.** [de: hæ:r ær felʲ ad'rɛs]
tournez à gauche	**Sväng vänster.** ['svɛŋ 'vɛnstər]
tournez à droite	**Sväng höger.** ['svɛŋ 'høgər]

Combien je vous dois?	**Hur mycket är jag skyldig?** [hʉ: 'mʏke ær ja 'ɧʏlʲdig?]
J'aimerais avoir un reçu, s'il vous plaît.	**Jag skulle vilja ha ett kvitto, tack.** [ja 'skʉlʲe 'vilja ha et 'kvito, tak]
Gardez la monnaie.	**Behåll växeln.** [be'holʲ 'vɛkselʲn]

Attendez-moi, s'il vous plaît ...	**Vill du vara vänlig och vänta på mig?** [vilʲ dʉ: 'va:ra 'vɛnlig o vɛnta pɔ mɛj?]
cinq minutes	**fem minuter** [fem mi'nʉ:tər]
dix minutes	**tio minuter** ['ti:o mi'nʉ:tər]
quinze minutes	**femton minuter** ['femtɔn mi'nʉ:tər]
vingt minutes	**tjugo minuter** ['ɕʉ:go mi'nʉ:ter]
une demi-heure	**en halvtimme** [en 'halʲv'timə]

Hôtel

Bonjour.	**Hej** [hɛj]
Je m'appelle …	**Jag heter ...** [ja 'hetər ...]
J'ai réservé une chambre.	**Jag har bokat.** [ja har 'bokat]
Je voudrais …	**Jag behöver ...** [ja be'høvər ...]
une chambre simple	**ett enkelrum** [et 'ɛnkəlʲ ru:m]
une chambre double	**ett dubbelrum** [et 'dubəlʲ ru:m]
C'est combien?	**Hur mycket kostar det?** [hʉ: 'mʏke 'kostar dɛ?]
C'est un peu cher.	**Det är lite dyrt.** [de: ær 'lʲite dy:t]
Avez-vous autre chose?	**Har du några andra alternativ?** [har dʉ: 'nogra 'andra alʲterna'tiv?]
Je vais la prendre.	**Jag tar det.** [ja tar dɛ]
Je vais payer comptant.	**Jag betalar kontant.** [ja be'talʲar kon'tant]
J'ai un problème.	**Jag har ett problem.** [ja har et prɔ'blʲem]
Mon … est cassé /Ma … est cassée/	**... är trasig.** [... ær 'trasig]
Mon /Ma/ … ne fonctionne pas.	**... fungerar inte.** [... fʉ'ŋerar 'intə]
télé	**min TV** [min 'teve]
air conditionné	**min luftkonditionering** [min 'lʲʉft kondiɲu'nɛriŋ]
robinet	**min kran** [min kran]
douche	**min dusch** [min dʉʂ]
évier	**mitt handfat** [mit 'handfa:t]
coffre-fort	**mitt kassaskåp** [mit 'kasa‚skʊ.p]

serrure de porte	**mitt dörrlås** [mit 'dørlʲos]
prise électrique	**mitt eluttag** [mit ɛlʲˈʉːtag]
sèche-cheveux	**min hårtork** [min 'hoːʈork]

Je n'ai pas ...	**Jag har ...** [ja har ...]
d'eau	**inget vatten** ['iŋet 'vatən]
de lumière	**inget ljus** ['iŋet jʉːs]
d'électricité	**ingen elektricitet** [iŋen ɛlʲektrisiˈtet]

Pouvez-vous me donner ...?	**Skulle du kunna ge mig ...?** ['skɵlʲe dʉ: 'kuna je mɛj ...?]
une serviette	**en handduk** [en 'haŋdʉːk]
une couverture	**en filt** [en filʲt]
des pantoufles	**tofflor** ['toflʲor]

une robe de chambre	**en badrock** [en 'badrok]
du shampoing	**schampo** ['ʂampo]
du savon	**tvål** [tvoːlʲ]

Je voudrais changer ma chambre.	**Jag skulle vilja byta rum.** [ja 'skɵlʲe 'vilʲja 'byːta ruːm]
Je ne trouve pas ma clé.	**Jag hittar inte min nyckel.** [ja 'hitar 'inte min 'nʏkəlʲ]
Pourriez-vous ouvrir ma chambre, s'il vous plaît?	**Skulle du kunna öppna** **mitt rum, tack?** ['skɵlʲe dʉ: 'kuna 'øpna mit rum, tak?]
Qui est là?	**Vem är det?** [vem ær dɛ?]

Entrez!	**Kom in!** [kom 'in!]
Une minute!	**Ett ögonblick!** [et 'øːgɔnblik!]

Pas maintenant, s'il vous plaît.	**Inte just nu, tack.** ['intə jʉst nʉ:, tak]
Pouvez-vous venir à ma chambre, s'il vous plaît.	**Kom till mitt rum, tack.** [kom tilʲ mit ruːm, tak]

J'aimerais avoir le service d'étage.	**Jag skulle vilja beställa mat via rumsservice.** [ja 'skɵlʲe 'vilja be'stɛlʲa mat via 'ruːmsøːvis]
Mon numéro de chambre est le …	**Mitt rumsnummer är …** [mit 'ruːms'nɵmer ær …]

Je pars …	**Jag reser …** [ja 'reːsər …]
Nous partons …	**Vi reser …** [viː 'reːsər …]
maintenant	**just nu** ['jɵst nɵː]
cet après-midi	**i eftermiddag** [i 'ɛftə mid'daːg]
ce soir	**ikväll** [iːkvɛlʲ]
demain	**imorgon** [i'mɔrgɔn]
demain matin	**imorgon på morgonen** [i'mɔrgɔn pɔ 'mɔrgɔnən]
demain après-midi	**imorgon på kvällen** [i'mɔrgɔn pɔ 'kvɛlʲen]
après-demain	**i övermorgon** [i 'øːveˌmɔrgɔn]

Je voudrais régler mon compte.	**Jag skulle vilja betala.** [ja 'skɵlʲe 'vilja be'taːlʲa]
Tout était merveilleux.	**Allt var fantastiskt.** [alʲt var fan'tastiskt]
Où puis-je trouver un taxi?	**Var kan jag få tag på en taxi?** [var kan ja fo tag pɔ en 'taksi?]
Pourriez-vous m'appeler un taxi, s'il vous plaît?	**Skulle du vilja vara snäll och ringa en taxi åt mig?** ['skɵlʲe dɵː vilja 'vaːra snɛlʲ o 'riŋa en 'taksi ot mɛj?]

Restaurant

Puis-je voir le menu, s'il vous plaît?
Kan jag få se menyn, tack?
[kan ja fo se me'nyn, tak?]

Une table pour une personne.
Ett bord för en.
[et bo:d før en]

Nous sommes deux (trois, quatre).
Vi är två (tre, fyra) personer.
[vi: ær tvo: (tre, 'fy:ra) pɛ:'ʂuːnər]

Fumeurs
Rökare
['røkarə]

Non-fumeurs
Icke rökare
['ike røkarə]

S'il vous plaît!
Ursäkta!
[ʉ:'ʂɛkta!]

menu
meny
[me'ny:]

carte des vins
vinlista
['vi:nlista]

Le menu, s'il vous plaît.
Menyn, tack.
[me'nyn, tak]

Êtes-vous prêts à commander?
Är ni redo att beställa?
[ɛr ni 'redo at be'stɛlʲa?]

Qu'allez-vous prendre?
Vad önskar du?
[vad 'ønskar dʉ:?]

Je vais prendre ...
Jag tar ...
[ja tar ...]

Je suis végétarien.
Jag är vegetarian.
[ja ær vegetari'a:n]

viande
kött
[ɕø:t]

poisson
fisk
['fisk]

légumes
grönsaker
['grøn'sakər]

Avez-vous des plats végétariens?
Har ni vegetariska rätter?
[har ni vege'ta:riska 'rɛtər?]

Je ne mange pas de porc.
Jag äter inte kött.
[ja 'ɛ:ter 'intə ɕøt]

Il /elle/ ne mange pas de viande.
Han /hon/ äter inte kött.
[han /hon/ 'ɛ:tər 'intə ɕøt]

Je suis allergique à ...
Jag är allergisk mot ...
[ja ær a'lʲɛrgisk mut ...]

Pourriez-vous m'apporter …,
s'il vous plaît.

Skulle du kunna ge mig …
['skɵlʲe dɵ: 'kuna je mɛj …]

le sel | le poivre | du sucre

salt | peppar | socker
[salʲt | 'pepar | 'sokər]

un café | un thé | un dessert

kaffe | te | dessert
['kafə | te | de'sɛ:r]

de l'eau | gazeuse | plate

vatten | kolsyrat | icke kolsyrat
['vaten | 'kɔlʲ'sy:rat | 'ike 'kɔlʲ'sy:rat]

une cuillère | une fourchette | un couteau

en sked | gaffel | kniv
[en ʃed | 'gafəlʲ | kni:v]

une assiette | une serviette

en tallrik | servett
[en 'talʲrik | ser'vet]

Bon appétit!

Smaklig måltid!
['smaklig 'molʲtid!]

Un de plus, s'il vous plaît.

En /Ett/ … till tack.
[en /et/ … tilʲ tak]

C'était délicieux.

Det var utsökt.
[dɛ var 'ɵtsøkt]

l'addition | de la monnaie | le pourboire

nota | växel | dricks
['no:ta | 'vɛksəlʲ | driks]

L'addition, s'il vous plaît.

Notan, tack.
['no:tan, tak]

Puis-je payer avec la carte?

Kan jag betala med kreditkort?
[kan ja be'talʲa me kre'dit kɔ:ʈ?]

Excusez-moi, je crois qu'il y a une
erreur ici.

Jag beklagar, det är ett misstag här.
[ja be'klʲagar, dɛ ær et 'mistag hæ:r]

Shopping. Faire les Magasins

Est-ce que je peux vous aider?
Kan jag hjälpa dig?
[kan ja 'jɛlˡpa dɛj?]

Avez-vous ... ?
Har ni ...?
[har ni ...?]

Je cherche ...
Jag letar efter ...
[ja 'lˡetar 'ɛftər ...]

Il me faut ...
Jag behöver ...
[ja be'høvər ...]

Je regarde seulement, merci.
Jag tittar bara.
[ja 'titar 'baːra]

Nous regardons seulement, merci.
Vi tittar bara.
[vi 'titar 'baːra]

Je reviendrai plus tard.
Jag kommer tillbaka senare.
[ja 'komər tilˡ'baka 'senarə]

On reviendra plus tard.
Vi kommer tillbaka senare.
[vi 'komər tilˡ'baka 'senarə]

Rabais | Soldes
rabatt I rea
[ra'bat | 're:a]

Montrez-moi, s'il vous plaît ...
Skulle du kunna visa mig ...
['skulˡe duː 'kuna 'viːsa mɛj ...]

Donnez-moi, s'il vous plaît ...
Skulle du kunna ge mig ...
['skulˡe duː 'kuna je mɛj ...]

Est-ce que je peux l'essayer?
Kan jag prova?
[kan ja 'pruːva?]

Excusez-moi, où est la cabine d'essayage?
Ursäkta mig, var finns provrummen?
[uː'sɛkta mɛj, var fins 'pruvˌrumən?]

Quelle couleur aimeriez-vous?
Vilken färg vill du ha?
['vilˡkən 'fæːrj vilˡ duː ha?]

taille | longueur
storlek I längd
['storlˡek | lˡɛŋd]

Est-ce que la taille convient ?
Hur sitter den?
[huː 'sitər den?]

Combien ça coûte?
Hur mycket kostar det?
[huː 'mʏke 'kostar dɛ?]

C'est trop cher.
Det är för dyrt.
[de: ær før dyːt]

Je vais le prendre.
Jag tar den (det, dem).
[ja tar den (dɛ, dem)]

Excusez-moi, où est la caisse?
Ursäkta mig, var betalar man?
[uː'sɛkta mɛj, var be'talˡar man?]

Payerez-vous comptant ou par carte de crédit?	**Betalar du kontant eller med kreditkort?** [be'talʲar dʉ: kon'tant elʲe me kre'dit ko:ʈ?]
Comptant | par carte de crédit	**Kontant I med kreditkort** [kon'tant | me kre'dit ko:ʈ]

Voulez-vous un reçu?	**Vill du ha kvittot?** [vilʲ dʉ: ha: 'kvitot?]
Oui, s'il vous plaît.	**Ja, tack.** [ja, tak]
Non, ce n'est pas nécessaire.	**Nej, det behövs inte.** [nɛj, dɛ bɛhøvs 'inte]
Merci. Bonne journée!	**Tack. Ha en bra dag!** [tak. ha en bra: dag!]

En ville

Excusez-moi, ...	**Ursäkta mig.** [ʉːˈṣɛkta mɛj]
Je cherche ...	**Jag letar efter ...** [ja ˈlˑetar ˈɛftər ...]
le métro	**tunnelbanan** [ˈtʉnəlˑ ˈbaːnan]
mon hôtel	**mitt hotell** [mit hoˈtelˑ]
le cinéma	**biografen** [bioˈgrafən]
un arrêt de taxi	**en taxistation** [en ˈtaksi staˈʃuːn]
un distributeur	**en uttagsautomat** [en ʉːˈtaːgs autoˈmat]
un bureau de change	**ett växlingskontor** [et ˈvɛksliŋs konˈtuːr]
un café internet	**ett internetkafé** [et ˈinternet kaˈfe]
la rue ...	**... gatan** [... ˈgatan]
cette place-ci	**den här platsen** [den hæːr ˈplˑatsən]
Savez-vous où se trouve ...?	**Vet du var ... ligger?** [vet dʉː var ... ˈligər?]
Quelle est cette rue?	**Vilken gata är det här?** [ˈvilˑkən gata ær dɛ hæːr?]
Montrez-moi où sommes-nous, s'il vous plaît.	**Kan du visa mig var vi är nu.** [kan dʉː ˈviːsa mɛj var vi ær nʉː]
Est-ce que je peux y aller à pied?	**Kan jag ta mig dit till fots?** [kan ja ta mɛj dit tilˑ ˈfots?]
Avez-vous une carte de la ville?	**Har ni en karta över stan?** [har ni en ˈkaːʈa øːver stan?]
C'est combien pour un ticket?	**Hur mycket kostar inträdet?** [hʉː ˈmʏke ˈkostar intrɛdet?]
Est-ce que je peux faire des photos?	**Får jag fotografera här?** [for ja futʊgraˈfera hæːr?]
Êtes-vous ouvert?	**Har ni öppet?** [har ni øpet?]

À quelle heure ouvrez-vous?

När öppnar ni?
[nɛr øpnar ni?]

À quelle heure fermez-vous?

När stänger ni?
[nɛr 'stɛŋər ni?]

L'argent

argent	**pengar** ['peŋar]
argent liquide	**kontanter** [kon'tantər]
des billets	**sedlar** ['sedlʲar]
petite monnaie	**småpengar** ['smoː'peŋar]
l'addition | de la monnaie | le pourboire	**nota I växel I dricks** ['noːta | 'vɛksəlʲ | driks]
carte de crédit	**kreditkort** [kre'dit koːʈ]
portefeuille	**plånbok** ['plʲoːnbʊk]
acheter	**att köpa** [at 'ɕøpa]
payer	**att betala** [at be'talʲa]
amende	**böter** ['bøter]
gratuit	**gratis** ['gratis]
Où puis-je acheter ... ?	**Var kan jag köpa ...?** [var kan ja 'ɕøpa ...?]
Est-ce que la banque est ouverte en ce moment?	**Är banken öppen nu?** [ɛr 'bankəen 'øpen nʉ:?]
À quelle heure ouvre-t-elle?	**När öppnar den?** [nɛr øpnar dɛn?]
À quelle heure ferme-t-elle?	**När stänger den?** [nɛr 'stɛŋər den?]
C'est combien?	**Hur mycket?** [hʉː 'mʏke?]
Combien ça coûte?	**Hur mycket kostar den här?** [hʉː 'mʏke 'kostar den hæːr?]
C'est trop cher.	**Det är för dyrt.** [deː ær før dyːʈ]
Excusez-moi, où est la caisse?	**Ursäkta mig, var betalar man?** [ʉ:'ʂɛkta mɛj, var be'talʲar man?]
L'addition, s'il vous plaît.	**Notan, tack.** ['noːtan, tak]

Puis-je payer avec la carte?

Kan jag betala med kreditkort?
[kan ja be'talʲa me kre'dit koː[?]

Est-ce qu'il y a un distributeur ici?

Finns det en uttagsautomat här?
[fins dɛ en 'ʉtags auto'mat hæːr?]

Je cherche un distributeur.

Jag letar efter en uttagsautomat.
[ja 'lʲetar 'ɛftər en ʉː'tags auto'mat]

Je cherche un bureau de change.

Jag letar efter ett växlingskontor.
[ja 'lʲetar 'ɛftər et 'vɛksliŋs kon'tuːr]

Je voudrais changer ...

Jag skulle vilja växla ...
[ja 'skulʲe 'vilja 'vɛkslʲa ...]

Quel est le taux de change?

Vad är växlingskursen?
[vad ær 'vɛksliŋs 'kʉːʂən?]

Avez-vous besoin de mon passeport?

Behöver du mitt pass?
[be'høvər dʉː mit pas?]

Le temps

Quelle heure est-il?	**Vad är klockan?** [vad ær 'klˡokan?]
Quand?	**När?** [nɛr?]
À quelle heure?	**Vid vilken tid?** [vid 'vilˡkən tid?]
maintenant | plus tard | après ...	**nu I senare I efter ...** [nʉ: | 'senarə | 'ɛftər ...]
une heure	**klockan ett** ['klˡokan et]
une heure et quart	**kvart över ett** [kva:ʈ 'ø:vər et]
une heure et demie	**halv två** [halˡv tvo:]
deux heures moins quart	**kvart i två** [kva:ʈ i tvo:]
un | deux | trois	**ett I två I tre** [et | tvo: | tre]
quatre | cinq | six	**fyra I fem I sex** ['fy:ra | fem | sɛks]
sept | huit | neuf	**sju I åtta I nio** [ʃʉ: | 'ota | 'ni:o]
dix | onze | douze	**tio I elva I tolv** ['ti:o | 'elˡva | tolˡv]
dans ...	**om ...** [om ...]
cinq minutes	**fem minuter** [fem mi'nʉ:tər]
dix minutes	**tio minuter** ['ti:o mi'nʉ:tər]
quinze minutes	**femton minuter** ['femton mi'nʉ:tər]
vingt minutes	**tjugo minuter** ['ɕʉ:go mi'nʉ:ter]
une demi-heure	**en halvtimme** [en 'halˡv'timə]
une heure	**en timme** [en 'time]

dans la matinée	**på morgonen** [pɔ 'mɔrgɔnən]
tôt le matin	**tidigt på morgonen** ['tidit pɔ 'mɔrgɔnən]
ce matin	**den här morgonen** [den hæ:r 'mɔrgɔnən]
demain matin	**imorgon på morgonen** [i'mɔrgɔn pɔ 'mɔrgɔnən]
à midi	**mitt på dagen** [mit pɔ 'dagən]
dans l'après-midi	**på eftermiddagen** [pɔ 'ɛftə mid'dagən]
dans la soirée	**på kvällen** [pɔ 'kvɛlʲen]
ce soir	**ikväll** [i:kvɛlʲ]
la nuit	**på natten** [pɔ 'natən]
hier	**i går** [i go:r]
aujourd'hui	**idag** [ida:g]
demain	**imorgon** [i'mɔrgɔn]
après-demain	**i övermorgon** [i 'ø:və͵mɔrgɔn]
Quel jour sommes-nous aujourd'hui?	**Vad är det för dag idag?** [vad ær dɛ før da:g 'ida:g?]
Nous sommes ...	**Det är ...** [de: ær ...]
lundi	**måndag** ['mɔndag]
mardi	**tisdag** ['ti.sdag]
mercredi	**onsdag** ['onsdag]
jeudi	**torsdag** ['to:ʂdag]
vendredi	**fredag** ['fre:dag]
samedi	**lördag** ['lʲø:dag]
dimanche	**söndag** ['sœndag]

Salutations - Introductions

Bonjour.	**Hej** [hɛj]
Enchanté /Enchantée/	**Trevligt att träffas.** ['trɛvligt at trɛfas]
Moi aussi.	**Detsamma.** [de'sama]
Je voudrais vous présenter …	**Jag skulle vilja träffa …** [ja 'skulle 'vilja 'trɛfa …]
Ravi /Ravie/ de vous rencontrer.	**Trevligt att träffas.** ['trɛvligt at trɛfas]
Comment allez-vous?	**Hur står det till?** [huː stoː dɛ tilʲ?]
Je m'appelle …	**Jag heter …** [ja 'hetər …]
Il s'appelle …	**Han heter …** [han 'hetər …]
Elle s'appelle …	**Hon heter …** [hon 'hetər …]
Comment vous appelez-vous?	**Vad heter du?** [vad 'hetər duː?]
Quel est son nom?	**Vad heter han?** [vad 'hetər han?]
Quel est son nom?	**Vad heter hon?** [vad 'hetər hon?]
Quel est votre nom de famille?	**Vad heter du i efternamn?** [vad 'hetər duː i 'ɛftəˌnamn?]
Vous pouvez m'appeler …	**Du kan kalla mig …** [duː kan 'kalʲa mɛj …]
D'où êtes-vous?	**Varifrån kommer du?** ['varifron 'komər duː?]
Je suis de …	**Jag kommer från …** [ja 'komər fron …]
Qu'est-ce que vous faites dans la vie?	**Vad arbetar du med?** [vad ar'betar duː meː?]
Qui est-ce?	**Vem är det här?** [vem ær dɛ hæːr?]
Qui est-il?	**Vem är han?** [vem ær han?]
Qui est-elle?	**Vem är hon?** [vem ær hon?]

Qui sont-ils?	**Vilka är de?** ['vil'ka ær dom?]
C'est ...	**Det här är ...** [de: hæ:r ær ...]
mon ami	**min vän** [min vɛn]
mon amie	**min väninna** [min vɛ'nina]
mon mari	**min man** [min man]
ma femme	**min fru** [min frʉ:]
mon père	**min far** [min fa:r]
ma mère	**min mor** [min mo:r]
mon frère	**min bror** [min 'brʉ:r]
ma sœur	**min syster** [min 'sʏstər]
mon fils	**min son** [min so:n]
ma fille	**min dotter** [min 'dotər]
C'est notre fils.	**Det här är vår son.** [de: hæ:r ær vor son]
C'est notre fille.	**Det här är vår dotter.** [de: hæ:r ær vor 'dotər]
Ce sont mes enfants.	**Det här är mina barn.** [de: hæ:r ær 'mina ba:ɳ]
Ce sont nos enfants.	**Det här är våra barn.** [de: hæ:r ær 'vo:ra ba:ɳ]

Les adieux

Au revoir!	**På återseende! Hej då!** [pɔ ote:'seəndə! hɛj do:!]
Salut!	**Hej då!** [hɛj do:!]
À demain.	**Vi ses imorgon.** [vi ses i'mɔrgɔn]
À bientôt.	**Vi ses snart.** [vi ses sna:t]
On se revoit à sept heures.	**Vi ses klockan sju.** [vi ses 'klʲokan ɧɯ:]
Amusez-vous bien!	**Ha det så roligt!** [ha dɛ so 'roligt!]
On se voit plus tard.	**Vi hörs senare.** [vi hø:ʂ 'senarə]
Bonne fin de semaine.	**Ha en trevlig helg.** [ha en 'trɛvlig helj]
Bonne nuit.	**Godnatt.** [god'nat]
Il est l'heure que je parte.	**Det är dags för mig att ge mig av.** [de: ær da:gs før mɛj at je mɛj av]
Je dois m'en aller.	**Jag behöver ge mig av.** [ja be'høvər je mɛj av]
Je reviens tout de suite.	**Jag kommer strax tillbaka.** [ja 'komər straks tilʲ'baka]
Il est tard.	**Det är sent.** [de: ær sɛnt]
Je dois me lever tôt.	**Jag måste gå upp tidigt.** [ja 'mostə go up 'tidit]
Je pars demain.	**Jag ger mig av imorgon.** [ja jer mɛj av i'mɔrgɔn]
Nous partons demain.	**Vi ger oss av imorgon.** [vi je:r os av i'mɔrgɔn]
Bon voyage!	**Trevlig resa!** ['trɛvlig 'resa!]
Enchanté de faire votre connaissance.	**Det var trevligt att träffas.** [dɛ var 'trɛvligt at trɛfas]
Heureux /Heureuse/ d'avoir parlé avec vous.	**Det var trevligt att prata med dig.** [de: var 'trɛvligt at 'pra:ta me dɛj]
Merci pour tout.	**Tack för allt.** [tak før alʲt]

Je me suis vraiment amusé /amusée/ | **Jag hade väldigt trevligt.**
[ja ˈhadə ˈvɛlˈdigt ˈtrɛvligt]

Nous nous sommes vraiment amusés /amusées/ | **Vi hade väldigt trevligt.**
[vi ˈhade ˈvɛlˈdigt ˈtrɛvligt]

C'était vraiment plaisant. | **Det var verkligen trevligt.**
[dɛ var ˈvɛrkligən ˈtrɛvligt]

Vous allez me manquer. | **Jag kommer att sakna dig.**
[ja ˈkomər at ˈsakna dɛj]

Vous allez nous manquer. | **Vi kommer att sakna dig.**
[vi ˈkomer at ˈsakna dɛj]

Bonne chance! | **Lycka till!**
[ˈlʏka tilˈ!]

Mes salutations à ... | **Hälsa till ...**
[ˈhɛlˈsa tilˈ ...]

Une langue étrangère

Je ne comprends pas.	**Jag förstår inte.** [ja fø:'ʂto:r 'intə]
Écrivez-le, s'il vous plaît.	**Skulle du kunna skriva ner det.** ['skɵlʲe dɵ: 'kuna 'skri:va ner dɛ]
Parlez-vous ...?	**Talar du ...** ['talʲar dɵ: ...]

Je parle un peu ...	**Jag talar lite ...** [ja 'talʲar 'lʲitə ...]
anglais	**engelska** ['ɛŋelʲska]
turc	**turkiska** ['tɵrkiska]
arabe	**arabiska** [a'rabiska]
français	**franska** ['franska]

allemand	**tyska** ['tʏska]
italien	**italienska** [ita'lje:nska]
espagnol	**spanska** ['spanska]
portugais	**portugisiska** [po:[tɵ'gi:siska]
chinois	**kinesiska** [ɕi'nesiska]
japonais	**japanska** [ja'pa:nska]

Pouvez-vous le répéter, s'il vous plaît.	**Kan du upprepa det, tack.** [kan dɵ: 'uprepa dɛ, tak]
Je comprends.	**Jag förstår.** [ja fø:'ʂto:r]
Je ne comprends pas.	**Jag förstår inte.** [ja fø:'ʂto:r 'intə]
Parlez plus lentement, s'il vous plaît.	**Kan du prata långsammare, tack.** [kan dɵ: 'pra:ta lʲo:ŋ'samarə, tak]

Est-ce que c'est correct?	**Är det rätt?** [ɛr dɛ rɛt?]
Qu'est-ce que c'est?	**Vad är det här?** [vad ær dɛ hɛr?]

Les excuses

Excusez-moi, s'il vous plaît.	**Ursäkta mig.** [ʉːˈʂɛkta mɛj]
Je suis désolé /désolée/	**Jag är ledsen.** [ja ær ˈlʲesen]
Je suis vraiment /désolée/	**Jag är verkligen ledsen.** [ja ær ˈvɛrkligen ˈlʲesen]
Désolé /Désolée/, c'est ma faute.	**Jag är ledsen, det är mitt fel.** [ja ær ˈlʲesen, dɛ ær mit felʲ]
Au temps pour moi.	**Det är jag som har gjort ett misstag.** [deː ær ja som har joːʈ et ˈmistag]
Puis-je … ?	**Får jag … ?** [for jaː …?]
Ça vous dérange si je …?	**Har du något emot om jag ...?** [har dʉː ˈnoːgɔt ɛˈmoːt om ja ...?]
Ce n'est pas grave.	**Det är okej.** [deː ær ɔˈkej]
Ça va.	**Det är okej.** [deː ær ɔˈkej]
Ne vous inquiétez pas.	**Tänk inte på det.** [tɛnk ˈinte po dɛ]

Les accords

Oui	**Ja** [ja]
Oui, bien sûr.	**Ja, säkert.** [ja, 'sɛ:ket]
Bien.	**Bra!** [bra:!]
Très bien.	**Mycket bra.** ['mʏke bra:]
Bien sûr!	**Ja visst!** [ja vist!]
Je suis d'accord.	**Jag håller med.** [ja 'holʲer me:]
C'est correct.	**Det stämmer.** [de: 'stɛmər]
C'est exact.	**Det är rätt.** [de: ær rɛt]
Vous avez raison.	**Du har rätt.** [dʉ: har rɛt]
Je ne suis pas contre.	**Jag har inget emot det.** [ja har 'iŋet ɛ'mo:t dɛ]
Tout à fait correct.	**Det stämmer helt.** [de: 'stɛmər helʲt]
C'est possible.	**Det är möjligt.** [de: ær 'møjligt]
C'est une bonne idée.	**Det är en bra idé.** [de: ær en bra: i'de:]
Je ne peux pas dire non.	**Jag kan inte säga nej.** [ja kan 'intə 'sɛja nɛj]
J'en serai ravi /ravie/	**Det gör jag gärna.** [de: jør ja 'jæ:ɳa]
Avec plaisir.	**Med nöje.** [me 'nøje]

Refus, exprimer le doute

Non	**Nej** [nɛj]
Absolument pas.	**Verkligen inte.** ['vɛrkligən 'intə]
Je ne suis pas d'accord.	**Jag håller inte med.** [ja 'holʲer 'intə meː]
Je ne le crois pas.	**Jag tror inte det.** [ja tror 'intə dɛ]
Ce n'est pas vrai.	**Det är inte sant.** [deː ær 'intə sant]
Vous avez tort.	**Du har fel.** [dʉː har felʲ]
Je pense que vous avez tort.	**Jag tycker att du har fel.** [ja 'tʏkər at dʉː har felʲ]
Je ne suis pas sûr /sûre/	**Jag är inte säker.** [ja ær 'intə 'sɛːkər]
C'est impossible.	**Det är omöjligt.** [deː ær ʉːˈmœjligt]
Pas du tout!	**Absolut inte!** [absoˈlʲʉt 'intə!]
Au contraire!	**Raka motsatsen.** ['raːka 'moːtsatsən]
Je suis contre.	**Jag är emot det.** [ja ær ɛˈmoːt dɛ]
Ça m'est égal.	**Jag bryr mig inte om det.** [ja bryːr mɛj 'intə om dɛ]
Je n'ai aucune idée.	**Jag har ingen aning.** [ja har 'iŋen 'aniŋ]
Je doute que cela soit ainsi.	**Jag betvivlar det.** [ja betˈvivlʲar dɛ]
Désolé /Désolée/, je ne peux pas.	**Jag är ledsen, det kan jag inte.** [ja ær 'lʲesən, dɛ kan ja 'intə]
Désolé /Désolée/, je ne veux pas.	**Jag är ledsen, det vill jag inte.** [ja ær 'lʲesən, dɛ vilʲ ja 'intə]
Merci, mais ça ne m'intéresse pas.	**Nej, tack.** [nɛj, tak]
Il se fait tard.	**Det börjar bli sent.** [deː 'børjar bli sɛnt]

Je dois me lever tôt.

Jag måste gå upp tidigt.
[ja 'mostə go up 'tidit]

Je ne me sens pas bien.

Jag mår inte bra.
[ja mor 'intə bra:]

Exprimer la gratitude

Merci.	**Tack** [tak]
Merci beaucoup.	**Tack så mycket.** [tak so 'mʏke]
Je l'apprécie beaucoup.	**Jag uppskattar det verkligen.** [ja 'upskatar dɛ 'vɛrkligən]
Je vous suis très reconnaissant.	**Jag är verkligen tacksam mot dig.** [ja ær 'vɛrkligən 'taksam mot dɛj]
Nous vous sommes très reconnaissant.	**Vi är verkligen tacksamma mot dig.** [vi: ær 'vɛrkligən 'taksama mo:t dɛj]

Merci pour votre temps.	**Tack för dig stund.** [tak før dɛj stund]
Merci pour tout.	**Tack för allt.** [tak før alʲt]
Merci pour ...	**Tack för ...** [tak før ...]
votre aide	**din hjälp** [din jɛlʲp]
les bons moments passés	**en trevlig tid** [en 'trɛvlig tid]

un repas merveilleux	**en fantastisk måltid** [en fan'tastisk 'molʲtid]
cette agréable soirée	**en trevlig kväll** [en 'trɛvlig kvɛlʲ]
cette merveilleuse journée	**en underbar dag** [en 'undəbar da:ɡ]
une excursion extraordinaire	**en fantastisk resa** [en fan'tastisk 'resa]

Il n'y a pas de quoi.	**Ingen orsak.** ['iŋen 'u:ʂak]
Vous êtes les bienvenus.	**Väl bekomme.** [vɛlʲ be'komə]
Mon plaisir.	**Ingen orsak.** ['iŋen 'u:ʂak]
J'ai été heureux /heureuse/ de vous aider.	**Nöjet är helt på min sida.** ['nøjet ær helʲt pɔ min 'si:da]
Ça va. N'y pensez plus.	**Ingen orsak.** ['iŋen 'u:ʂak]
Ne vous inquiétez pas.	**Tänk inte på det.** [tɛnk 'intə pɔ dɛ]

Félicitations. Vœux de fête

Félicitations!	**Gratulationer!** [gratulˌa'ɧu:nər!]
Joyeux anniversaire!	**Grattis på födelsedagen!** ['gratis pɔ 'fødelˌsə 'dagen!]
Joyeux Noël!	**God Jul!** [god jʉ:lʲ!]
Bonne Année!	**Gott Nytt År!** [got nʏt o:r!]
Joyeuses Pâques!	**Glad Påsk!** [glʲad 'posk!]
Joyeux Hanoukka!	**Glad Chanukka!** [glʲad 'hanʉka!]
Je voudrais proposer un toast.	**Jag skulle vilja utbringa en skål.** [ja 'skʉlʲe 'vilja ʉ:t'briŋa en skolʲ]
Santé!	**Skål!** [skolʲ!]
Buvons à …!	**Låt oss dricka för …!** [lʲot os 'drika før …!]
À notre succès!	**För vår framgång!** [før vor 'framgo:ŋ!]
À votre succès!	**För dig framgång!** [før dɛj 'framgo:ŋ!]
Bonne chance!	**Lycka till!** ['lʲʏka tilʲ!]
Bonne journée!	**Ha en bra dag!** [ha en bra: dag!]
Passez de bonnes vacances !	**Ha en bra helg!** [ha en bra: helj!]
Bon voyage!	**Säker resa!** ['sɛ:kər 'resa!]
Rétablissez-vous vite.	**Krya på dig!** ['krya pɔ dɛj!]

Socialiser

Pourquoi êtes-vous si triste?	**Varför är du ledsen?** ['vaːføːr ær dʉ: 'lⱡesən?]
Souriez!	**Får jag se ett leende? Upp med hakan!** [for ja se et 'lⱡeəndə? up me 'haːkan!]
Êtes-vous libre ce soir?	**Är du ledig ikväll?** [ɛr dʉ: 'lⱡeːdig i:kvɛlʲ?]
Puis-je vous offrir un verre?	**Får jag bjuda på en drink?** [for ja 'bjʉːda pɔ en drink?]
Voulez-vous danser?	**Vill du dansa?** [vilʲ dʉ: 'dansa?]
Et si on va au cinéma?	**Låt oss gå på bio.** [lⱡot os go pɔ 'biːo]
Puis-je vous inviter ...	**Får jag bjuda dig på ...?** [for ja 'bjʉːda dɛj pɔ ...?]
au restaurant	**restaurang** [rɛstɔ'raŋ]
au cinéma	**bio** ['bio]
au théâtre	**teater** [te'aːter]
pour une promenade	**gå på en promenad** ['go pɔ en prome'nad]
À quelle heure?	**Vilken tid?** ['vilʲkən tid?]
ce soir	**ikväll** [i:kvɛlʲ]
à six heures	**vid sex** [vid 'sɛks]
à sept heures	**vid sju** [vid ʃʉ:]
à huit heures	**vid åtta** [vid 'ota]
à neuf heures	**vid nio** [vid 'niːo]
Est-ce que vous aimez cet endroit?	**Gillar du det här stället?** ['jilʲar dʉ: dɛ hæːr 'stɛlʲet?]
Êtes-vous ici avec quelqu'un?	**Är du här med någon?** [ɛr dʉ: hæːr me 'noːgɔn?]
Je suis avec mon ami.	**Jag är här med min vän /väninna/.** [ja ær hæːr me min vɛn /vɛ'nina/]

Je suis avec mes amis.	**Jag är här med mina vänner.** [ja ær hæ:r me 'mina 'vɛnər]
Non, je suis seul /seule/	**Nej, jag är ensam.** [nɛj, ja ær 'ɛnsam]

As-tu un copain?	**Har du pojkvän?** [har dʉ: 'pojkvɛn?]
J'ai un copain.	**Jag har pojkvän.** [ja har 'pojkvɛn]
As-tu une copine?	**Har du flickvän?** [har dʉ: 'flikvɛn?]
J'ai une copine.	**Jag har flickvän.** [ja har 'flikvɛn]

Est-ce que je peux te revoir?	**Får jag träffa dig igen?** [for ja 'trɛfa dɛj i'jen?]
Est-ce que je peux t'appeler?	**Kan jag ringa dig?** [kan ja 'riŋa dɛj?]
Appelle-moi.	**Ring mig.** ['riŋ mɛj]
Quel est ton numéro?	**Vad har du för nummer?** [vad har dʉ: før 'nʉmər?]
Tu me manques.	**Jag saknar dig.** [ja 'saknar dɛj]

Vous avez un très beau nom.	**Du har ett vackert namn.** [dʉ: har et 'vake:t namn]
Je t'aime.	**Jag älskar dig.** [ja 'ɛlˈskər dɛj]
Veux-tu te marier avec moi?	**Vill du gifta dig med mig?** [vilˈ dʉ: 'jifta dɛj me mɛj?]

Vous plaisantez!	**Du skämtar!** [dʉ: 'ʃɛmtar!]
Je plaisante.	**Jag skämtar bara.** [ja 'ʃɛmtar 'ba:ra]

Êtes-vous sérieux /sérieuse/?	**Menar du allvar?** ['me:nar dʉ: 'alˈva:r?]
Je suis sérieux /sérieuse/	**Jag menar allvar.** [ja 'me:nar 'alˈva:r]
Vraiment?!	**Verkligen?!** ['vɛrkligən?!]
C'est incroyable!	**Det är otroligt!** [de: ær u:'tro:ligt!]
Je ne vous crois pas.	**Jag tror dig inte.** [ja tror dɛj 'intə]

Je ne peux pas.	**Jag kan inte.** [ja kan 'intə]
Je ne sais pas.	**Jag vet inte.** [ja vet 'intə]

Je ne vous comprends pas

Jag förstår dig inte.
[ja fø:'ṣto:r dɛj 'intə]

Laissez-moi! Allez-vous-en!

Var snäll och gå.
[var snɛlʲ o go:]

Laissez-moi tranquille!

Lämna mig ifred!
['lʲɛ:mna mɛj ifre:d!]

Je ne le supporte pas.

Jag står inte ut med honom.
[ja sto:r 'intə ʉt me 'honom]

Vous êtes dégoûtant!

Du är vedervärdig!
[dʉ: ær 'vedervæ:dig!]

Je vais appeler la police!

Jag ska ringa polisen!
[ja ska 'riŋa po'lʲi:sən!]

Partager des impressions. Émotions

J'aime ça.

Jag tycker om det.
[ja ˈtʏkər om dɛ]

C'est gentil.

Jättefint.
[ˈjɛtefint]

C'est super!

Det är fantastiskt!
[de: ær fanˈtastiskt!]

C'est assez bien.

Det är inte illa.
[de: ær ˈintə ˈilˈa]

Je n'aime pas ça.

Jag gillar det inte.
[ja ˈjilˈar dɛ ˈintəe]

Ce n'est pas bien.

Det är inte bra.
[de: ær ˈintə bra:]

C'est mauvais.

Det är illa.
[de: ær ˈilˈa]

Ce n'est pas bien du tout.

Det är väldigt dåligt.
[de: ær ˈvɛlˈdigt ˈdo:ligt]

C'est dégoûtant.

Det är förskräckligt.
[de: ær fø:ˈʂkrɛkligt]

Je suis content /contente/

Jag är glad.
[ja ær glˈad]

Je suis heureux /heureuse/

Jag är nöjd.
[ja ær ˈnøjd]

Je suis amoureux /amoureuse/

Jag är kär.
[ja ær ˈkæ:r]

Je suis calme.

Jag är lugn.
[ja ær ˈlʉŋn]

Je m'ennuie.

Jag är uttråkad.
[ja ær ʉtˈtrokad]

Je suis fatigué /fatiguée/

Jag är trött.
[ja ær trøt]

Je suis triste.

Jag är ledsen.
[ja ær ˈlˈesən]

J'ai peur.

Jag är rädd.
[ja ær rɛd]

Je suis fâché /fâchée/

Jag är arg.
[ja ær arj]

Je suis inquiet /inquiète/

Jag är orolig.
[ja ær uˈrulig]

Je suis nerveux /nerveuse/

Jag är nervös.
[ja ær nerˈvø:s]

Je suis jaloux /jalouse/   **Jag är svartsjuk.**
[ja ær 'sva:tʂʉːk]

Je suis surpris /surprise/   **Jag är överraskad.**
[ja ær øːvɛ'raskad]

Je suis gêné /gênée/   **Jag är förvirrad.**
[ja ær før'virad]

Problèmes. Accidents

J'ai un problème.	**Jag har ett problem.** [ja har et prɔˈblʲem]
Nous avons un problème.	**Vi har ett problem.** [vi har et prɔˈblʲem]
Je suis perdu /perdue/	**Jag är vilse.** [ja ær ˈvilʲsə]
J'ai manqué le dernier bus (train).	**Jag missade sista bussen (tåget).** [ja ˈmisadə ˈsista ˈbusən (ˈtoːget)]
Je n'ai plus d'argent.	**Jag har inga pengar kvar.** [ja har ˈiŋa ˈpeŋar kvaːr]
J'ai perdu mon ...	**Jag har förlorat ...** [ja har føːˈlʲorat ...]
On m'a volé mon ...	**Någon har stulit ...** [ˈnoːgɔn har ˈstuːlit ...]
passeport	**mitt pass** [mit pas]
portefeuille	**min plånbok** [min ˈplʲoːnbʊk]
papiers	**mina handlingar** [ˈmina ˈhandliŋar]
billet	**min biljett** [min biˈlʲet]
argent	**mina pengar** [ˈmina ˈpeŋar]
sac à main	**min handväska** [min ˈhandˌvɛska]
appareil photo	**min kamera** [min ˈkaːmera]
portable	**min laptop** [min ˈlʲaptop]
ma tablette	**min surfplatta** [min ˈsurfplʲata]
mobile	**min mobiltelefon** [min moˈbilʲ telʲeˈfon]
Au secours!	**Hjälp mig!** [ˈjɛlʲp mɛj!]
Qu'est-il arrivé?	**Vad har hänt?** [vad har hɛnt?]
un incendie	**brand** [brand]

des coups de feu	**skottlossning** [skot'lˠosniŋ]
un meurtre	**mord** ['moːɖ]
une explosion	**explosion** [ɛksplˠɔ'ʂuːn]
une bagarre	**slagsmål** ['slˠaks moːlˠ]

Appelez la police!	**Ring polisen!** ['riŋ po'liːsən!]
Dépêchez-vous, s'il vous plaît!	**Snälla skynda på!** ['snɛlˠa 'ɦʏnda poː!]
Je cherche le commissariat de police.	**Jag letar efter polisstationen.** [ja 'lˠetar 'ɛftər po'lˠis sta'ɧuːnən]
Il me faut faire un appel.	**Jag behöver ringa ett samtal.** [ja be'høvər 'riŋa et 'samtalˠ]
Puis-je utiliser votre téléphone?	**Får jag använda din telefon?** [for ja 'anvɛnda din telˠe'fɔn?]

J'ai été ...	**Jag har blivit ...** [ja har 'blivit ...]
agressé /agressée/	**rånad** ['ronad]
volé /volée/	**bestulen** [be'stuːlˠen]
violée	**våldtagen** ['volˠd͜tagən]
attaqué /attaquée/	**angripen** ['aŋripən]

Est-ce que ça va?	**Är det okej med dig?** [ɛr dɛ ɔ'kej me dɛj?]
Avez-vous vu qui c'était?	**Såg du vem det var?** [sog dʉː vɛm dɛ vaːr?]
Pourriez-vous reconnaître cette personne?	**Skulle du kunna känna igen personen?** ['skulˠe dʉː 'kuna kɛna ijen pɛː'ʂuːnən?]
Vous êtes sûr?	**Är du säker?** [ɛr dʉː 'sɛːker?]

Calmez-vous, s'il vous plaît.	**Snälla lugna ner dig.** ['snɛlˠa 'lˠʉnˠa ne dɛj]
Calmez-vous!	**Ta det lugnt!** [ta dɛ lˠʉŋt!]
Ne vous inquiétez pas.	**Oroa dig inte!** ['oːroa dɛj 'intə!]
Tout ira bien.	**Allt kommer att bli bra.** [alˠt 'komər at bli braː]
Ça va. Tout va bien.	**Allt är okej.** [alˠlˠ ær ɔ'kejl]

Venez ici, s'il vous plaît.

Vill du vara snäll och följa med?
[vilʲ dʉ: 'va:ra snɛlʲ o 'fölʲa me:?]

J'ai des questions à vous poser.

Jag har några frågor till dig.
[ja har 'nogra 'frogor tilʲ dɛj]

Attendez un moment, s'il vous plaît.

**Var snäll och vänta
ett ögonblick, tack.**
[var snɛlʲ o 'vɛnta
et 'ö:gonblik, tak]

Avez-vous une carte d'identité?

Har du någon legitimation?
[har dʉ: 'no:gon lʲegitima'ɧu:n?]

Merci. Vous pouvez partir maintenant.

Tack. Du kan gå nu.
[tak. dʉ: kan go nʉ:]

Les mains derrière la tête!

Händerna bakom huvudet!
['hɛnderna 'bakom 'hʉvʉdet!]

Vous êtes arrêté!

Du är anhållen!
[dʉ: ær an'holʲen!]

Problèmes de santé

Aidez-moi, s'il vous plaît.

Snälla hjälp mig.
['snɛlˈa jɛlˈp mɛj]

Je ne me sens pas bien.

Jag mår inte bra.
[ja mor 'intə bra:]

Mon mari ne se sent pas bien.

Min man mår inte bra.
[min man mor 'intə bra:]

Mon fils ...

Min son ...
[min so:n ...]

Mon père ...

min far ...
[min fa:r ...]

Ma femme ne se sent pas bien.

Min fru mår inte bra.
[min frʉ: mor 'intə bra:]

Ma fille ...

Min dotter ...
[min 'dotər ...]

Ma mère ...

Min mor ...
[min mo:r ...]

J'ai mal ...

Jag har ...
[ja har ...]

à la tête

huvudvärk
['hʉ:vʉd'væ:rk]

à la gorge

halsont
['halˈsʉnt]

à l'estomac

värk i magen
[vɛrk i 'ma:gən]

aux dents

tandvärk
['tand,vɛrk]

J'al le vertige.

Jag känner mig yr.
[ja 'ɕɛnər mɛj y:r]

Il a de la fièvre.

Han har feber.
[han har 'febər]

Elle a de la fièvre.

Hon har feber.
[hon har 'febər]

Je ne peux pas respirer.

Jag kan inte andas.
[ja kan 'intə 'andas]

J'ai du mal à respirer.

Jag har andnöd.
[ja har 'andnød]

Je suis asthmatique.

Jag är astmatiker.
[ja ær ast'matiker]

Je suis diabétique.

Jag är diabetiker.
[ja ær dia'betikər]

Je ne peux pas dormir.	**Jag kan inte sova.** [ja kan 'intə 'so:va]
intoxication alimentaire	**matförgiftning** ['ma:tfø:'jiftniŋ]

Ça fait mal ici.	**Det gör ont här.** [de: jør ont hæ:r]
Aidez-moi!	**Hjälp mig!** ['jɛlⁱp mɛj!]
Je suis ici!	**Jag är här!** [ja ær 'hæ:r!]
Nous sommes ici!	**Vi är här!** [vi: ær hæ:r!]
Sortez-moi d'ici!	**Ta mig härifrån!** [ta mɛj 'hɛrifron!]
J'ai besoin d'un docteur.	**Jag behöver en läkare.** [ja be'høvər en 'lⁱɛ:karə]
Je ne peux pas bouger!	**Jag kan inte röra mig.** [ja kan 'intə 'rø:ra mɛj]
Je ne peux pas bouger mes jambes.	**Jag kan inte röra mina ben.** [ja kan 'intə 'rø:ra 'mina bɛn]

Je suis blessé /blessée/	**Jag har ett sår.** [ja har et so:r]
Est-ce que c'est sérieux?	**Är det allvarligt?** [ɛr dɛ 'alⁱva:rligt?]
Mes papiers sont dans ma poche.	**Mina dokument är i min ficka.** ['mina dokʉ'ment ær i min 'fika]
Calmez-vous!	**Lugna ner dig!** ['lⁱʉnⁱa ne: dɛj!]
Puis-je utiliser votre téléphone?	**Får jag använda din telefon?** [for ja 'anvɛnda din telⁱe'fon?]

Appelez une ambulance!	**Ring efter en ambulans!** ['riŋ 'ɛftər en ambʉ'lⁱans!]
C'est urgent!	**Det är brådskande!** [de: ær 'brodskandə!]
C'est une urgence!	**Det är ett nödfall!** [de: ær et 'nødfalⁱ!]
Dépêchez-vous, s'il vous plaît!	**Snälla, skynda dig!** ['snɛlⁱa, 'ʃynda dɛj!]
Appelez le docteur, s'il vous plaît.	**Vill du vara snäll och ringa en läkare?** [vilⁱ dʉ: 'va:ra snɛlⁱ o 'riŋa en 'lⁱɛ:karə?]
Où est l'hôpital?	**Var är sjukhuset?** [var ær 'ʃʉ:khʉ:set?]

Comment vous sentez-vous?	**Hur mår du?** [hʉ: mor dʉ:?]
Est-ce que ça va?	**Är du okej?** [ɛr dʉ: ɔ'kej?]
Qu'est-il arrivé?	**Vad har hänt?** [vad har hɛnt?]

Je me sens mieux maintenant.

Jag mår bättre nu.
[ja mor 'bɛtrə nʉ:]

Ça va. Tout va bien.

Det är okej.
[de: ær ɔ'kej]

Ça va.

Det är okej.
[de: ær ɔ'kej]

À la pharmacie

pharmacie	**apotek** [apʊ'tek]
pharmacie 24 heures	**dygnet runt-öppet apotek** ['dynʲet rʊnt-'øpet apʊ'tek]
Où se trouve la pharmacie la plus proche?	**Var finns närmsta apotek?** [var fins 'nɛrmsta apʊ'tek?]
Est-elle ouverte en ce moment?	**Är det öppet nu?** [ɛr dɛ 'øpet nʉ:?]
À quelle heure ouvre-t-elle?	**Vilken tid öppnar det?** ['vilʲkən tid 'øpnar dɛ?]
à quelle heure ferme-t-elle?	**Vilken tid stänger det?** ['vilʲkən tid 'stɛŋər dɛ?]
C'est loin?	**Är det långt?** [ɛr dɛ 'lʲo:ŋt?]
Est-ce que je peux y aller à pied?	**Kan jag ta mig dit till fots?** [kan ja ta mɛj dit tilʲ 'fots?]
Pouvez-vous me le montrer sur la carte?	**Kan du visa mig på kartan?** [kan dʉ: 'vi:sa mɛj pɔ 'ka:ʈan?]
Pouvez-vous me donner quelque chose contre ...	**Snälla ge mig någonting mot ...** ['snɛlʲa je mɛj 'no:gɔntiŋ mot ...]
le mal de tête	**huvudvärk** ['hʉ:vʉd'væ:rk]
la toux	**hosta** ['hosta]
le rhume	**förkylning** [før'ɕʏlʲniŋ]
la grippe	**influensan** [inflʲʉ'ensan]
la fièvre	**feber** ['feber]
un mal d'estomac	**magont** ['ma:gont]
la nausée	**illamående** [ilʲa'moendə]
la diarrhée	**diarré** [dia're:]
la constipation	**förstoppning** [fø:'ʂtopniŋ]
un mal de dos	**ryggont** ['rʏgont]

les douleurs de poitrine	**bröstsmärtor** ['brøst'smɛːʈor]
les points de côté	**mjälthugg** ['mjelʲthug]
les douleurs abdominales	**magsmärtor** ['magsmɛːʈor]

une pilule	**piller, tablett** ['pilʲer, tab'lʲet]
un onguent, une crème	**salva** ['salʲva]
un sirop	**drickbar medicin** ['drikbar medi'siːn]
un spray	**sprej** [sprɛj]
les gouttes	**droppar** ['dropar]

Vous devez allez à l'hôpital.	**Du måste åka till sjukhuset.** [dʉ: 'moste 'oːka tilʲ 'ɧʉːkhʉset]
assurance maladie	**sjukförsäkring** ['ɧʉːkføː'ʂɛkriŋ]
prescription	**recept** [re'sɛpt]
produit anti-insecte	**insektsmedel** ['insekts'medəlʲ]
bandages adhésifs	**plåster** ['plʲɔstər]

Les essentiels

Excusez-moi, …
Ursäkta mig, …
[ʉːˈʂɛkta mɛj, …]

Bonjour
Hej
[hɛj]

Merci
Tack
[tak]

Au revoir
Hej då
[hɛj doː]

Oui
Ja
[ja]

Non
Nej
[nɛj]

Je ne sais pas.
Jag vet inte.
[ja vet ˈintə]

Où? I Où? I Quand?
Var? I Vart? I När?
[var? I vaːʈ? I nɛr?]

J'ai besoin de …
Jag behöver …
[ja beˈhøvər …]

Je veux …
Jag vill …
[ja vilʲ …]

Avez-vous … ?
Har du …?
[har dʉː …?]

Est-ce qu'il y a … ici?
Finns det … här?
[fins dɛ … hæːr?]

Puis-je … ?
Får jag … ?
[for ja: …?]

s'il vous plaît (pour une demande)
…, tack
[…, tak]

Je cherche …
Jag letar efter …
[ja ˈlʲetar ˈɛftər …]

les toilettes
en toalett
[en tuaˈlʲet]

un distributeur
en uttagsautomat
[en ʉːˈtaːgs autoˈmat]

une pharmacie
ett apotek
[et apʉˈtek]

l'hôpital
ett sjukhus
[et ˈɧʉːkhʉs]

le commissariat de police
en polisstation
[en poˈlis staˈɧuːn]

une station de métro
tunnelbanan
[ˈtʉnəlʲ ˈbaːnan]

| un taxi | **en taxi**
[en 'taksi] |
| la gare | **en tågstation**
[en 'to:g sta'ŋu:n] |

Je m'appelle …	**Jag heter …** [ja 'hetər …]
Comment vous appelez-vous?	**Vad heter du?** [vad 'hetər dʉ:?]
Aidez-moi, s'il vous plaît.	**Skulle du kunna hjälpa mig?** ['skʉlʲe dʉ: 'kuna 'jɛlʲpa mɛj?]
J'ai un problème.	**Jag har ett problem.** [ja har et prɔ'blʲem]
Je ne me sens pas bien.	**Jag mår inte bra.** [ja mor 'intə bra:]
Appelez une ambulance!	**Ring efter en ambulans!** ['riŋ 'ɛftər en ambʉ'lʲans!]
Puis-je faire un appel?	**Får jag ringa ett samtal?** [for ja 'riŋa et 'sa:mtalʲ?]

| Excusez-moi. | **Jag är ledsen.**
[ja ær 'lʲesən] |
| Je vous en prie. | **Ingen orsak.**
['iŋen 'u:ʂak] |

je, moi	**Jag, mig** [ja, mɛj]
tu, toi	**du** [dʉ]
il	**han** [han]
elle	**hon** [hon]
ils	**de:** [de:]
elles	**do:** [de:]
nous	**vi** [vi:]
vous	**ni** [ni]
Vous	**du, Ni** [dʉ:, ni:]

ENTRÉE	**INGÅNG** ['iŋo:ŋ]
SORTIE	**UTGÅNG** ['ʉtgo:ŋ]
HORS SERVICE | EN PANNE	**UR FUNKTION** [ʉ:r funk'ŋu:n]
FERMÉ	**STÄNGT** ['stɛŋt]

OUVERT

ÖPPET
['øpet]

POUR LES FEMMES

FÖR KVINNOR
[før 'kvinor]

POUR LES HOMMES

FÖR MÄN
[før mɛn]

VOCABULAIRE THÉMATIQUE

Cette section contient plus de 3000 des mots les plus importants. Le dictionnaire sera d'une aide indispensable lors de voyages à l'étranger puisque les mots individuels sont souvent assez pour être compris. Le dictionnaire comprend une transcription utile de chaque mot

T&P Books Publishing

CONTENU DU DICTIONNAIRE

T&P Books Publishing

T&P BOOKS

CONCEPTS DE BASE

T&P Books Publishing

1. Les pronoms

je	jag	['ja:]
tu	du	[dʉ:]
il	han	['han]
elle	hon	['hʊn]
ça	det, den	[dɛ], [dɛn]
nous	vi	['vi]
vous	ni	['ni]
ils, elles	de	[de:]

2. Adresser des vœux. Se dire bonjour

Bonjour! (fam.)	Hej!	['hɛj]
Bonjour! (form.)	Hej! Hallå!	['hɛj], [ha'lʲo:]
Bonjour! (le matin)	God morgon!	[ˌgʊd 'mɔrgɔn]
Bonjour! (après-midi)	God dag!	[ˌgʊd 'dag]
Bonsoir!	God kväll!	[ˌgʊd 'kvɛlʲ]
dire bonjour	att hälsa	[at 'hɛlʲsa]
Salut!	Hej!	['hɛj]
salut (m)	hälsning (en)	['hɛlʲsnɪŋ]
saluer (vt)	att hälsa	[at 'hɛlʲsa]
Comment allez-vous?	Hur står det till?	[hʊr sto: de 'tilʲ]
Comment ça va?	Hur är det?	[hʊr ɛr 'de:]
Quoi de neuf?	Vad är nytt?	[vad æ:r 'nʏt]
Au revoir! (form.)	Adjö! Hej då!	[a'jø:], [hɛj'do:]
Au revoir! (fam.)	Hej då!	[hɛj'do:]
À bientôt!	Vi ses!	[vi ses]
Adieu!	Adjö! Farväl!	[a'jø:], [far'vɛ:lʲ]
dire au revoir	att säga adjö	[at 'sɛ:ja a'jø:]
Salut! (À bientôt!)	Hej då!	[hɛj'do:]
Merci!	Tack!	['tak]
Merci beaucoup!	Tack så mycket!	['tak sɔ 'mʏkə]
Je vous en prie	Varsågod	['va:ʂɔ:gʊd]
Il n'y a pas de quoi	Ingen orsak!	['iŋən 'ʊːʂak]
Pas de quoi	Ingen orsak!	['iŋən 'ʊːʂak]
Excuse-moi!	Ursäkta, ...	['ʉːˌsɛkta ...]
Excusez-moi!	Ursäkta mig, ...	['ʉːˌsɛkta mɛj ...]

excuser (vt)	**att ursäkta**	[at 'ʉːˌʂɛkta]
s'excuser (vp)	**att ursäkta sig**	[at 'ʉːˌʂɛkta sɛj]
Mes excuses	**Jag ber om ursäkt**	[ja ber ɔm 'ʉːˌʂɛkt]
Pardonnez-moi!	**Förlåt!**	[fœː'lʲoːt]
pardonner (vt)	**att förlåta**	[at 'fœːˌlʲoːta]
C'est pas grave	**Det gör inget**	[dɛ jœr 'iŋet]
s'il vous plaît	**snälla**	['snɛla]
N'oubliez pas!	**Glöm inte!**	['glʲøːm 'intə]
Bien sûr!	**Naturligtvis!**	[na'tʉrligvis]
Bien sûr que non!	**Självklart inte!**	['ɧɛlʲvklʲatʲ 'intə]
D'accord!	**OK! Jag håller med.**	[ɔ'kej] , [ja 'hoːlʲer me]
Ça suffit!	**Det räcker!**	[dɛ 'rɛkə]

3. Les questions

Qui?	**Vem?**	['vem]
Quoi?	**Vad?**	['vad]
Où? (~ es-tu?)	**Var?**	['var]
Où? (~ vas-tu?)	**Vart?**	['vaːtʲ]
D'où?	**Varifrån?**	['varifroːn]
Quand?	**När?**	['næːr]
Pourquoi? (~ es-tu venu?)	**Varför?**	['vaːfœːr]
Pourquoi? (~ t'es pâle?)	**Varför?**	['vaːfœːr]
À quoi bon?	**För vad?**	['fœr vad]
Comment?	**Hur?**	['hʉːr]
Quel? (à ~ prix?)	**Vilken?**	['vilʲkən]
Lequel?	**Vilken?**	['vilʲkən]
À qui? (pour qui?)	**Till vem?**	[tilʲ 'vem]
De qui?	**Om vem?**	[ɔm 'vem]
De quoi?	**Om vad?**	[ɔm 'vad]
Avec qui?	**Med vem?**	[me 'vem]
Combien? (dénombr.)	**Hur många?**	[hʉr 'mɔŋa]
Combien? (indénombr.)	**Hur mycket?**	[hʉr 'mykə]
À qui? (~ est ce livre?)	**Vems?**	['vɛms]

4. Les prépositions

avec (~ toi)	**med**	['me]
sans (~ sucre)	**utan**	['ʉtan]
à (aller ~ ...)	**till**	['tilʲ]
de (au sujet de)	**om**	['ɔm]
avant (~ midi)	**för, inför**	['fœːr], ['inføːr]
devant (~ la maison)	**framför**	['framføːr]
sous (~ la commode)	**under**	['undər]

au-dessus de ...	över	['ø:vər]
sur (dessus)	på	[pɔ]
de (venir ~ Paris)	från	['frɔn]
en (en bois, etc.)	av	[av]
dans (~ deux heures)	om	['ɔm]
par dessus	över	['ø:vər]

5. Les mots-outils. Les adverbes. Partie 1

Où? (~ es-tu?)	Var?	['var]
ici (c'est ~)	här	['hæ:r]
là-bas (c'est ~)	där	['dæ:r]
quelque part (être)	någonstans	['no:gɔn‚stans]
nulle part (adv)	ingenstans	['iŋən‚stans]
près de ...	vid	['vid]
près de la fenêtre	vid fönstret	[vid 'fœnstrət]
Où? (~ vas-tu?)	Vart?	['va:t]
ici (Venez ~)	hit	['hit]
là-bas (j'irai ~)	dit	['dit]
d'ici (adv)	härifrån	['hæ:ri‚fro:n]
de là-bas (adv)	därifrån	['dæ:ri‚fro:n]
près (pas loin)	nära	['næ:ra]
loin (adv)	långt	['lʲɔŋt]
près de (~ Paris)	nära	['næ:ra]
tout près (adv)	i närheten	[i 'næ:r‚hetən]
pas loin (adv)	inte långt	['intə 'lʲɔŋt]
gauche (adj)	vänster	['vɛnstər]
à gauche (être ~)	till vänster	[tilʲ 'vɛnstər]
à gauche (tournez ~)	till vänster	[tilʲ 'vɛnstər]
droit (adj)	höger	['hø:gər]
à droite (être ~)	till höger	[tilʲ 'hø:gər]
à droite (tournez ~)	till höger	[tilʲ 'hø:gər]
devant (adv)	framtill	['framtilʲ]
de devant (adj)	främre	['frɛmrə]
en avant (adv)	framåt	['framo:t]
derrière (adv)	bakom, baktill	['bakɔm], ['bak'tilʲ]
par derrière (adv)	bakifrån	['baki‚fro:n]
en arrière (regarder ~)	tillbaka	[tilʲ'baka]
milieu (m)	mitt (en)	['mit]
au milieu (adv)	i mitten	[i 'mitən]

de côté (vue ~)	från sidan	[frɔn 'sidan]
partout (adv)	överallt	['øːvərˌalʲt]
autour (adv)	runt omkring	[runt ɔm'kriŋ]

de l'intérieur	inifrån	['iniˌfroːn]
quelque part (aller)	någonstans	['noːgɔnˌstans]
tout droit (adv)	rakt, rakt fram	['rakt], ['rakt fram]
en arrière (revenir ~)	tillbaka	[tilʲ'baka]

| de quelque part (n'import d'où) | från var som helst | [frɔn va sɔm 'hɛlʲst] |
| de quelque part (on ne sait pas d'où) | från någonstans | [frɔn 'noːgɔnˌstans] |

premièrement (adv)	för det första	['før de 'fœːʂta]
deuxièmement (adv)	för det andra	['før de 'andra]
troisièmement (adv)	för det tredje	['før de 'trɛdjə]

soudain (adv)	plötsligt	['plʲøtslit]
au début (adv)	i början	[i 'bœrjan]
pour la première fois	för första gången	['før 'fœːʂta 'gɔŋən]
bien avant ...	långt innan ...	['lʲɔŋt 'inan ...]
de nouveau (adv)	på nytt	[pɔ 'nʏt]
pour toujours (adv)	för gott	[før 'gɔt]

jamais (adv)	aldrig	['alʲdrig]
de nouveau, encore (adv)	igen	['ijɛn]
maintenant (adv)	nu	['nʉː]
souvent (adv)	ofta	['ɔfta]
alors (adv)	då	['doː]
d'urgence (adv)	brådskande	['brɔˌskandə]
d'habitude (adv)	vanligtvis	['vanˌlitvis]

à propos, ...	förresten ...	[fœˈrɛstən ...]
c'est possible	möjligen	['mœjligən]
probablement (adv)	sannolikt	[sanʊ'likt]
peut-être (adv)	kanske	['kanɧə]
en plus, ...	dessutom ...	[des'ʉːtʊm ...]
c'est pourquoi ...	därför ...	['dæːfør ...]
malgré ...	i trots av ...	[i 'trɔts av ...]
grâce à ...	tack vare ...	['tak ˌvarə ...]

quoi (pron)	vad	['vad]
que (conj)	att	[at]
quelque chose (Il m'est arrivé ~)	något	['noːgɔt]
quelque chose (peut-on faire ~)	något	['noːgɔt]
rien (m)	ingenting	['iŋəntiŋ]
qui (pron)	vem	['vem]
quelqu'un (on ne sait pas qui)	någon	['noːgɔn]

quelqu'un (n'importe qui)	någon	['no:gɔn]
personne (pron)	ingen	['iŋən]
nulle part (aller ~)	ingenstans	['iŋənˌstans]
de personne	ingens	['iŋəns]
de n'importe qui	någons	['no:gɔns]
comme ça (adv)	så	['so:]
également (adv)	också	['ɔkso:]
aussi (adv)	också	['ɔkso:]

6. Les mots-outils. Les adverbes. Partie 2

Pourquoi?	Varför?	['va:fø:r]
pour une certaine raison	av någon anledning	[av 'no:gɔn 'anˌlʲedniŋ]
parce que ...	därför att ...	['dæ:før at ...]
pour une raison quelconque	av någon anledning	[av 'no:gɔn 'anˌlʲedniŋ]
et (conj)	och	['ɔ]
ou (conj)	eller	['ɛlʲer]
mais (conj)	men	['men]
pour ... (prep)	för, till	['fø:r]
trop (adv)	för, alltför	['fø:r], ['alʲtfø:r]
seulement (adv)	bara, endast	['bara], ['ɛndast]
précisément (adv)	precis, exakt	[prɛ'sis], [ɛk'sakt]
près de ... (prep)	cirka	['sirka]
approximativement	ungefär	['uŋəˌfæ:r]
approximatif (adj)	ungefärlig	['uŋəˌfæ:lʲig]
presque (adv)	nästan	['nɛstan]
reste (m)	rest (en)	['rɛst]
l'autre (adj)	den andra	[dɛn 'andra]
autre (adj)	andre	['andrə]
chaque (adj)	var	['var]
n'importe quel (adj)	vilken som helst	['vilʲkən sɔm 'hɛlʲst]
beaucoup (adv)	mycken, mycket	['mʏkən], ['mʏkə]
plusieurs (pron)	många	['mɔŋa]
tous	alla	['alʲa]
en échange de ...	i gengäld för ...	[i 'jɛŋɛld ˌfør ...]
en échange (adv)	i utbyte	[i 'utˌbytə]
à la main (adv)	för hand	[før 'hand]
peu probable (adj)	knappast	['knapast]
probablement (adv)	sannolikt	[sanʊ'likt]
exprès (adv)	med flit, avsiktligt	[me flit], ['avsiktlit]
par accident (adv)	tillfälligtvis	['tilʲfɔlitvis]
très (adv)	mycket	['mʏkə]

par exemple (adv)	**till exempel**	[tilʲ ɛk'sɛmpəl]
entre (prep)	**mellan**	['mɛlʲan]
parmi (prep)	**bland**	['blʲand]
autant (adv)	**så mycket**	[sɔ 'mʏkə]
surtout (adv)	**särskilt**	['sæːˌʂilʲt]

T&P BOOKS

NOMBRES. DIVERS

T&P Books Publishing

zéro	noll	['nɔlʲ]
un	ett	[ɛt]
deux	två	['tvo:]
trois	tre	['tre:]
quatre	fyra	['fyra]
cinq	fem	['fem]
six	sex	['sɛks]
sept	sju	['ɧʉ:]
huit	åtta	['ota]
neuf	nio	['ni:ʊ]
dix	tio	['ti:ʊ]
onze	elva	['ɛlʲva]
douze	tolv	['tɔlʲv]
treize	tretton	['trɛttɔn]
quatorze	fjorton	['fjʉ:ʈɔn]
quinze	femton	['fɛmtɔn]
seize	sexton	['sɛkstɔn]
dix-sept	sjutton	['ɧʉ:ttɔn]
dix-huit	arton	['a:ʈɔn]
dix-neuf	nitton	['ni:ttɔn]
vingt	tjugo	['ɕʉgʊ]
vingt et un	tjugoett	['ɕʉgʊˌɛt]
vingt-deux	tjugotvå	['ɕʉgʊˌtvo:]
vingt-trois	tjugotre	['ɕʉgʊˌtre:]
trente	trettio	['trɛttiʊ]
trente et un	trettioett	['trɛttiʊˌɛt]
trente-deux	trettiotvå	['trɛttiʊˌtvo:]
trente-trois	trettiotre	['trɛttiʊˌtre:]
quarante	fyrtio	['fœ:ʈiʊ]
quarante et un	fyrtioett	['fœ:ʈiʊˌɛt]
quarante-deux	fyrtiotvå	['fœ:ʈiʊˌtvo:]
quarante-trois	fyrtiotre	['fœ:ʈiʊˌtre:]
cinquante	femtio	['fɛmtiʊ]
cinquante et un	femtioett	['fɛmtiʊˌɛt]
cinquante-deux	femtiotvå	['fɛmtiʊˌtvo:]
cinquante-trois	femtiotre	['fɛmtiʊˌtre:]
soixante	sextio	['sɛkstiʊ]

soixante et un	sextioett	['sɛkstiʊˌɛt]
soixante-deux	sextiotvå	['sɛkstiʊˌtvoː]
soixante-trois	sextiotre	['sɛkstiʊˌtreː]

soixante-dix	sjuttio	['ɧuttiʊ]
soixante et onze	sjuttioett	['ɧuttiʊˌɛt]
soixante-douze	sjuttiotvå	['ɧuttiʊˌtvoː]
soixante-treize	sjuttiotre	['ɧuttiʊˌtreː]

quatre-vingts	åttio	['ottiʊ]
quatre-vingt et un	åttioett	['ottiʊ'ɛt]
quatre-vingt deux	åttiotvå	['ottiʊˌtvoː]
quatre-vingt trois	åttiotre	['ottiʊˌtreː]

quatre-vingt-dix	nittio	['nittiʊ]
quatre-vingt et onze	nittioett	['nittiʊˌɛt]
quatre-vingt-douze	nittiotvå	['nittiʊˌtvoː]
quatre-vingt-treize	nittiotre	['nittiʊˌtreː]

8. Les nombres cardinaux. Partie 2

cent	hundra (ett)	['hundra]
deux cents	tvåhundra	['tvoːˌhundra]
trois cents	trehundra	['treˌhundra]
quatre cents	fyrahundra	['fyraˌhundra]
cinq cents	femhundra	['femˌhundra]

six cents	sexhundra	['sɛksˌhundra]
sept cents	sjuhundra	['ɧuːˌhundra]
huit cents	åttahundra	['otaˌhundra]
neuf cents	niohundra	['niʊˌhundra]

mille	tusen (ett)	['tʉːsən]
deux mille	tvåtusen	['tvoːˌtʉːsən]
trois mille	tretusen	['treːˌtʉːsən]
dix mille	tiotusen	['tiːʊˌtʉːsən]
cent mille	hundratusen	['hundraˌtʉːsən]
million (m)	miljon (en)	[mi'ljʊn]
milliard (m)	miljard (en)	[mi'ljaːd]

9. Les nombres ordinaux

premier (adj)	första	['fœːʂta]
deuxième (adj)	andra	['andra]
troisième (adj)	tredje	['trɛdjə]
quatrième (adj)	fjärde	['fjæːɖə]
cinquième (adj)	femte	['fɛmtə]
sixième (adj)	sjätte	['ɧæːtə]

septième (adj)	**sjunde**	['ʃundə]
huitième (adj)	**åttonde**	['ottɔndə]
neuvième (adj)	**nionde**	['niːˌʊndə]
dixième (adj)	**tionde**	['tiːˌɔndə]

T&P BOOKS

LES COULEURS.
LES UNITÉS DE MESURE

T&P Books Publishing

10. Les couleurs

couleur (f)	**färg (en)**	['fæ:rj]
teinte (f)	**nyans (en)**	[ny'ans]
ton (m)	**färgton (en)**	['fæ:rjˌtʊn]
arc-en-ciel (m)	**regnbåge (en)**	['rɛgnˌbo:gə]
blanc (adj)	**vit**	['vit]
noir (adj)	**svart**	['sva:t]
gris (adj)	**grå**	['gro:]
vert (adj)	**grön**	['grø:n]
jaune (adj)	**gul**	['gʉ:lʲ]
rouge (adj)	**röd**	['rø:d]
bleu (adj)	**blå**	['blʲo:]
bleu clair (adj)	**ljusblå**	['jʉːsˌblʲo:]
rose (adj)	**rosa**	['rɔsa]
orange (adj)	**orange**	[ɔ'ranʃ]
violet (adj)	**violett**	[viʊ'lʲet]
brun (adj)	**brun**	['brʉ:n]
d'or (adj)	**guld-**	['gʉlʲd-]
argenté (adj)	**silver-**	['silʲvər-]
beige (adj)	**beige**	['bɛʃ]
crème (adj)	**cremefärgad**	['krɛ:mˌfæ:rjad]
turquoise (adj)	**turkos**	[tur'ko:s]
rouge cerise (adj)	**körsbärsröd**	['çø:ʂbæ:ʂˌrø:d]
lilas (adj)	**lila**	['lilʲa]
framboise (adj)	**karmosinröd**	[kar'mosinˌrø:d]
clair (adj)	**ljus**	['jʉ:s]
foncé (adj)	**mörk**	['mœ:rk]
vif (adj)	**klar**	['klʲar]
de couleur (adj)	**färg-**	['fæ:rj-]
en couleurs (adj)	**färg-**	['fæ:rj-]
noir et blanc (adj)	**svartvit**	['sva:tˌvit]
unicolore (adj)	**enfärgad**	['ɛnˌfæ:rjad]
multicolore (adj)	**mångfärgad**	['mɔŋˌfæ:rjad]

11. Les unités de mesure

poids (m)	**vikt (en)**	['vikt]
longueur (f)	**längd (en)**	[lʲɛŋd]

largeur (f)	**bredd (en)**	['brɛd]
hauteur (f)	**höjd (en)**	['hœjd]
profondeur (f)	**djup (ett)**	['jʉːp]
volume (m)	**volym (en)**	[vɔ'lʲym]
aire (f)	**yta, areal (en)**	['yta], [are'alʲ]
gramme (m)	**gram (ett)**	['gram]
milligramme (m)	**milligram (ett)**	['mili‚gram]
kilogramme (m)	**kilogram (ett)**	[çilʲɔ'gram]
tonne (f)	**ton (en)**	['tʊn]
livre (f)	**skålpund (ett)**	['skoːlʲ‚pund]
once (f)	**uns (ett)**	['uns]
mètre (m)	**meter (en)**	['metər]
millimètre (m)	**millimeter (en)**	['mili‚metər]
centimètre (m)	**centimeter (en)**	[sɛnti'metər]
kilomètre (m)	**kilometer (en)**	[çilʲɔ'metər]
mille (m)	**mil (en)**	['milʲ]
pouce (m)	**tum (en)**	['tum]
pied (m)	**fot (en)**	['fʊt]
yard (m)	**yard (en)**	['jaːd]
mètre (m) carré	**kvadratmeter (en)**	[kva'drat‚metər]
hectare (m)	**hektar (ett)**	[hɛk'tar]
litre (m)	**liter (en)**	['litər]
degré (m)	**grad (en)**	['grad]
volt (m)	**volt (en)**	['vɔlʲt]
ampère (m)	**ampere (en)**	[am'pɛr]
cheval-vapeur (m)	**hästkraft (en)**	['hɛst‚kraft]
quantité (f)	**mängd, kvantitet (en)**	['mɛŋt], [kwanti'tet]
un peu de …	**få …, inte många …**	['foː …], ['intə 'mɔŋa …]
moitié (f)	**hälft (en)**	['hɛlʲft]
douzaine (f)	**dussin (ett)**	['dusin]
pièce (f)	**stycke (ett)**	['stʏkə]
dimension (f)	**storlek (en)**	['stʊːlʲek]
échelle (f) (de la carte)	**skala (en)**	['skalʲa]
minimal (adj)	**minimal**	[mini'malʲ]
le plus petit (adj)	**minst**	['minst]
moyen (adj)	**medel**	['medəlʲ]
maximal (adj)	**maximal**	[maksi'malʲ]
le plus grand (adj)	**störst**	['støːʂt]

12. Les récipients

bocal (m) en verre	**glasburk (en)**	['glʲas‚burk]
boîte, canette (f)	**burk (en)**	['burk]

seau (m)	hink (en)	['hiŋk]
tonneau (m)	tunna (en)	['tuna]
bassine, cuvette (f)	tvättfat (ett)	['tvæt‚fat]
cuve (f)	tank (en)	['taŋk]
flasque (f)	plunta, fickflaska (en)	['plʉnta], ['fik‚flʲaska]
jerrican (m)	dunk (en)	['du:ŋk]
citerne (f)	tank (en)	['taŋk]
tasse (f), mug (m)	mugg (en)	['mug]
tasse (f)	kopp (en)	['kop]
soucoupe (f)	tefat (ett)	['te‚fat]
verre (m) (~ d'eau)	glas (ett)	['glʲas]
verre (m) à vin	vinglas (ett)	['vin‚glʲas]
faitout (m)	kastrull, gryta (en)	[ka'strulʲ], ['gryta]
bouteille (f)	flaska (en)	['flʲaska]
goulot (m)	flaskhals (en)	['flʲask‚halʲs]
carafe (f)	karaff (en)	[ka'raf]
pichet (m)	kanna (en) med handtag	['kana me 'han‚tag]
récipient (m)	behållare (en)	[be'ho:[ʲarə]
pot (m)	kruka (en)	['krʉka]
vase (m)	vas (en)	['vas]
flacon (m)	flakong (en)	[flʲa'kɔŋ]
fiole (f)	flaska (en)	['flʲaska]
tube (m)	tub (en)	['tʉ:b]
sac (m) (grand ~)	säck (en)	['sɛk]
sac (m) (~ en plastique)	påse (en)	['po:sə]
paquet (m) (~ de cigarettes)	paket (ett)	[pa'ket]
boîte (f)	ask (en)	['ask]
caisse (f)	låda (en)	['lʲo:da]
panier (m)	korg (en)	['kɔrj]

LES VERBES
LES PLUS IMPORTANTS

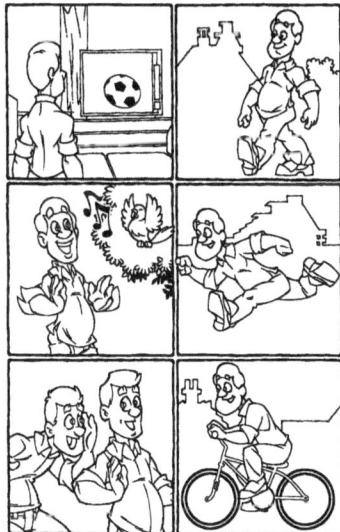

T&P Books Publishing

aider (vt)	att hjälpa	[at 'jɛlʲpa]
aimer (qn)	att älska	[at 'ɛlʲska]
aller (à pied)	att gå	[at 'goː]
apercevoir (vt)	att märka	[at 'mæːrka]
appartenir à ...	att tillhöra ...	[at 'tilʲˌhøːra ...]

appeler (au secours)	att tillkalla	[at 'tilʲˌkalʲa]
attendre (vt)	att vänta	[at 'vɛnta]
attraper (vt)	att fånga	[at 'fɔŋa]
avertir (vt)	att varna	[at 'vaːɳa]

avoir (vt)	att ha	[at 'ha]
avoir confiance	att lita på	[at 'lita pɔ]
avoir faim	att vara hungrig	[at 'vara 'huŋrig]

avoir peur	att frukta	[at 'frʊkta]
avoir soif	att vara törstig	[at 'vara 'tøːʂtig]
cacher (vt)	att gömma	[at 'jœma]
casser (briser)	att bryta	[at 'bryta]
cesser (vt)	att sluta	[at 'slʉːta]

changer (vt)	att ändra	[at 'ɛndra]
chasser (animaux)	att jaga	[at 'jaga]
chercher (vt)	att söka ...	[at 'søːka ...]
choisir (vt)	att välja	[at 'vɛlja]
commander (~ le menu)	att beställa	[at be'stɛlʲa]

commencer (vt)	att begynna	[at be'jina]
comparer (vt)	att jämföra	[at 'jɛmˌføra]
comprendre (vt)	att förstå	[at fœ:'ʂtoː]
compter (dénombrer)	att räkna	[at 'rɛkna]
compter sur ...	att räkna med ...	[at 'rɛkna me ...]

confondre (vt)	att förväxla	[at før'vɛkslʲa]
connaître (qn)	att känna	[at 'ɕɛna]
conseiller (vt)	att råda	[at 'roːda]
continuer (vt)	att fortsätta	[at 'fʊtˌsæta]
contrôler (vt)	att kontrollera	[at kɔntrɔ'lʲera]

courir (vi)	att löpa, att springa	[at 'lʲøːpa], [at 'spriŋa]
coûter (vt)	att kosta	[at 'kɔsta]
créer (vt)	att skapa	[at 'skapa]
creuser (vt)	att gräva	[at 'grɛːva]
crier (vi)	att skrika	[at 'skrika]

14. Les verbes les plus importants. Partie 2

décorer (~ la maison)	**att pryda**	[at 'pryda]
défendre (vt)	**att försvara**	[at fœ:'ṣvara]
déjeuner (vi)	**att äta lunch**	[at 'ɛ:ta ˌlʉnç]
demander (~ l'heure)	**att fråga**	[at 'fro:ga]
demander (de faire qch)	**att be**	[at 'be:]
descendre (vi)	**att gå ned**	[at 'go: ˌned]
deviner (vt)	**att gissa**	[at 'jisa]
dîner (vi)	**att äta kvällsmat**	[at 'ɛ:ta 'kvɛlʲsˌmat]
dire (vt)	**att säga**	[at 'sɛ:ja]
diriger (~ une usine)	**att styra, att leda**	[at 'styra], [at 'lʲeda]
discuter (vt)	**att diskutera**	[at diskʉ'tera]
donner (vt)	**att ge**	[at je:]
donner un indice	**att ge en vink**	[at je: en 'viŋk]
douter (vt)	**att tvivla**	[at 'tvivlʲa]
écrire (vt)	**att skriva**	[at 'skriva]
entendre (bruit, etc.)	**att höra**	[at 'hø:ra]
entrer (vi)	**att komma in**	[at 'kɔma 'in]
envoyer (vt)	**att skicka**	[at 'ɧika]
espérer (vi)	**att hoppas**	[at 'hɔpas]
essayer (vt)	**att pröva**	[at 'prø:va]
être (vi)	**att vara**	[at 'vara]
être d'accord	**att samtycka**	[at 'samˌtʏka]
être nécessaire	**att vara behövd**	[at 'vara be'hø:vd]
être pressé	**att skynda sig**	[at 'ɧʏnda sɛj]
étudier (vt)	**att studera**	[at stu'dera]
excuser (vt)	**att ursäkta**	[at 'ʉːˌṣɛkta]
exiger (vt)	**att kräva**	[at 'krɛ:va]
exister (vi)	**att existera**	[at ɛksi'stera]
expliquer (vt)	**att förklara**	[at før'klʲara]
faire (vt)	**att göra**	[at 'jø:ra]
faire tomber	**att tappa**	[at 'tapa]
finir (vt)	**att sluta**	[at 'slʉ:ta]
garder (conserver)	**att behålla**	[at be'ho:lʲa]
gronder, réprimander (vt)	**att skälla**	[at 'ɧɛlʲa]
informer (vt)	**att informera**	[at infor'mera]
insister (vi)	**att insistera**	[at insi'stera]
insulter (vt)	**att förolämpa**	[at 'førʊˌlʲɛmpa]
inviter (vt)	**att inbjuda, att invitera**	[at in'bjʉ:da], [at invi'tera]
jouer (s'amuser)	**att leka**	[at 'lʲeka]

15. Les verbes les plus importants. Partie 3

libérer (ville, etc.)	**att befria**	[at be'fria]
lire (vi, vt)	**att läsa**	[at 'lɛ:sa]
louer (prendre en location)	**att hyra**	[at 'hyra]
manquer (l'école)	**att missa**	[at 'misa]
menacer (vt)	**att hota**	[at 'hʊta]
mentionner (vt)	**att omnämna**	[at 'ɔmˌnɛmna]
montrer (vt)	**att visa**	[at 'visa]
nager (vi)	**att simma**	[at 'sima]
objecter (vt)	**att invända**	[at 'inˌvɛnda]
observer (vt)	**att observera**	[at ɔbsɛr'vera]
ordonner (mil.)	**att beordra**	[at be'o:dra]
oublier (vt)	**att glömma**	[at 'glʲœma]
ouvrir (vt)	**att öppna**	[at 'øpna]
pardonner (vt)	**att förlåta**	[at 'fœːˌlʲo:ta]
parler (vi, vt)	**att tala**	[at 'talʲa]
participer à ...	**att delta**	[at 'dɛlʲta]
payer (régler)	**att betala**	[at be'talʲa]
penser (vi, vt)	**att tänka**	[at 'tɛŋka]
permettre (vt)	**att tillåta**	[at 'tilʲo:ta]
plaire (être apprécié)	**att gilla**	[at 'jilʲa]
plaisanter (vi)	**att skämta, att skoja**	[at 'ʃɛmta], [at 'skɔja]
planifier (vt)	**att planera**	[at plʲa'nera]
pleurer (vi)	**att gråta**	[at 'gro:ta]
posséder (vt)	**att besitta, att äga**	[at be'sita], [at 'ɛ:ga]
pouvoir (v aux)	**att kunna**	[at 'kuna]
préférer (vt)	**att föredra**	[at 'førədra]
prendre (vt)	**att ta**	[at ta]
prendre en note	**att skriva ner**	[at 'skriva ner]
prendre le petit déjeuner	**att äta frukost**	[at 'ɛ:ta 'frʉ:kɔst]
préparer (le dîner)	**att laga**	[at 'lʲaga]
prévoir (vt)	**att förutse**	[at 'førʉtˌsə]
prier (~ Dieu)	**att be**	[at 'be:]
promettre (vt)	**att lova**	[at 'lʲova]
prononcer (vt)	**att uttala**	[at 'ʉtˌtalʲa]
proposer (vt)	**att föreslå**	[at 'førəˌslʲo:]
punir (vt)	**att straffa**	[at 'strafa]

16. Les verbes les plus importants. Partie 4

recommander (vt)	**att rekommendera**	[at rekɔmən'dera]
regretter (vt)	**att beklaga**	[at be'klʲaga]

répéter (dire encore)	att upprepa	[at 'uprepa]
répondre (vi, vt)	att svara	[at 'svara]
réserver (une chambre)	att reservera	[at resɛr'vera]
rester silencieux	att tiga	[at 'tiga]
réunir (regrouper)	att förena	[at 'førena]
rire (vi)	att skratta	[at 'skrata]
s'arrêter (vp)	att stanna	[at 'stana]
s'asseoir (vp)	att sätta sig	[at 'sæta sɛj]
sauver (la vie à qn)	att rädda	[at 'rɛda]
savoir (qch)	att veta	[at 'veta]
se baigner (vp)	att bada	[at 'bada]
se plaindre (vp)	att klaga	[at 'klʲaga]
se refuser (vp)	att vägra	[at 'vɛgra]
se tromper (vp)	att göra fel	[at 'jøːra ˌfelʲ]
se vanter (vp)	att skryta	[at 'skryta]
s'étonner (vp)	att bli förvånad	[at bli før'voːnad]
s'excuser (vp)	att ursäkta sig	[at 'ɵːˌsɛkta sɛj]
signer (vt)	att underteckna	[at 'undəˌtɛkna]
signifier (vt)	att betyda	[at be'tyda]
s'intéresser (vp)	att intressera sig	[at intrɛ'sera sɛj]
sortir (aller dehors)	att gå ut	[at 'goː ɵt]
sourire (vi)	att småle	[at 'smoːlʲe]
sous-estimer (vt)	att underskatta	[at 'undəˌskata]
suivre … (suivez-moi)	att följa efter …	[at 'følja 'ɛftər …]
tirer (vi)	att skjuta	[at 'ɧɵːta]
tomber (vi)	att falla	[at 'falʲa]
toucher (avec les mains)	att röra	[at 'røːra]
tourner (~ à gauche)	att svänga	[at 'svɛŋa]
traduire (vt)	att översätta	[at 'øːveˌsæta]
travailler (vi)	att arbeta	[at 'arˌbeta]
tromper (vt)	att fuska	[at 'fɵska]
trouver (vt)	att finna	[at 'fina]
tuer (vt)	att döda, att mörda	[at 'døːda], [at 'møːɖa]
vendre (vt)	att sälja	[at 'sɛlja]
venir (vi)	att ankomma	[at 'anˌkɔma]
voir (vt)	att se	[at 'seː]
voler (avion, oiseau)	att flyga	[at 'flʲyga]
voler (qch à qn)	att stjäla	[at 'ɧɛːlʲa]
vouloir (vt)	att vilja	[at 'vilja]

T&P BOOKS

LA NOTION DE TEMPS.
LE CALENDRIER

T&P Books Publishing

lundi (m)	måndag (en)	['mɔn,dag]
mardi (m)	tisdag (en)	['tis,dag]
mercredi (m)	onsdag (en)	['ʊns,dag]
jeudi (m)	torsdag (en)	['tʊ:ʂ,dag]
vendredi (m)	fredag (en)	['fre,dag]
samedi (m)	lördag (en)	['lʲø:dag]
dimanche (m)	söndag (en)	['sœn,dag]

aujourd'hui (adv)	i dag	[i 'dag]
demain (adv)	i morgon	[i 'mɔrgɔn]
après-demain (adv)	i övermorgon	[i 'ø:və,mɔrgɔn]
hier (adv)	i går	[i 'go:r]
avant-hier (adv)	i förrgår	[i 'fœ:r,go:r]

jour (m)	dag (en)	['dag]
jour (m) ouvrable	arbetsdag (en)	['arbets,dag]
jour (m) férié	helgdag (en)	['hɛlj,dag]
jour (m) de repos	ledig dag (en)	['lʲedig ,dag]
week-end (m)	helg, veckohelg (en)	[hɛlj], ['vɛkɔ,hɛlj]

toute la journée	hela dagen	['helʲa 'dagən]
le lendemain	nästa dag	['nɛsta ,dag]
il y a 2 jours	för två dagar sedan	[før ,tvo: 'dagar 'sedan]
la veille	dagen innan	['dagən 'inan]
quotidien (adj)	daglig	['daglig]
tous les jours	varje dag	['varjə dag]

semaine (f)	vecka (en)	['vɛka]
la semaine dernière	förra veckan	['fœ:ra 'vɛkan]
la semaine prochaine	i nästa vecka	[i 'nɛsta 'vɛka]
hebdomadaire (adj)	vecko-	['vɛkɔ-]
chaque semaine	varje vecka	['varjə 'vɛka]
2 fois par semaine	två gångar i veckan	[tvo: 'gɔŋar i 'vɛkan]
tous les mardis	varje tisdag	['varjə ,tisdag]

matin (m)	morgon (en)	['mɔrgɔn]
le matin	på morgonen	[pɔ 'mɔrgɔnən]
midi (m)	middag (en)	['mid,dag]
dans l'après-midi	på eftermiddagen	[pɔ 'ɛftə,midagən]
soir (m)	kväll (en)	[kvɛlʲ]

le soir	på kvällen	[pɔ 'kvɛlʲen]
nuit (f)	natt (en)	['nat]
la nuit	om natten	[ɔm 'natən]
minuit (f)	midnatt (en)	['mid,nat]

seconde (f)	sekund (en)	[se'kund]
minute (f)	minut (en)	[mi'nʉ:t]
heure (f)	timme (en)	['timə]
demi-heure (f)	halvtimme (en)	['halʲv,timə]
un quart d'heure	kvart (en)	['kva:t]
quinze minutes	femton minuter	['fɛmtɔn mi'nʉ:tər]
vingt-quatre heures	dygn (ett)	['dɤgn]

lever (m) du soleil	soluppgång (en)	['sʊlʲ ,up'gɔŋ]
aube (f)	gryning (en)	['gryniŋ]
point (m) du jour	tidig morgon (en)	['tidig 'mɔrgɔn]
coucher (m) du soleil	solnedgång (en)	['sʊlʲ 'ned,gɔŋ]

tôt le matin	tidigt på morgonen	['tidit pɔ 'mɔrgɔnən]
ce matin	i morse	[i 'mɔ:ʂə]
demain matin	i morgon bitti	[i 'mɔrgɔn 'biti]

cet après-midi	i eftermiddag	[i 'ɛftə,midag]
dans l'après-midi	på eftermiddagen	[pɔ 'ɛftə,midagən]
demain après-midi	i morgon eftermiddag	[i 'mɔrgɔn 'ɛftə,midag]

| ce soir | i kväll | [i 'kvɛlʲ] |
| demain soir | i morgon kväll | [i 'mɔrgɔn 'kvɛlʲ] |

à 3 heures précises	precis klockan tre	[prɛ'sis 'klʲɔkan tre:]
autour de 4 heures	vid fyratiden	[vid 'fyra,tidən]
vers midi	vid klockan tolv	[vid 'klʲɔkan 'tɔlʲv]

dans 20 minutes	om tjugo minuter	[ɔm 'ɕɯgɔ mi'nʉ:tər]
dans une heure	om en timme	[ɔm en 'timə]
à temps	i tid	[i 'tid]

… moins le quart	kvart i …	['kva:ţ i …]
en une heure	inom en timme	['inɔm en 'timə]
tous les quarts d'heure	varje kvart	['varjə kva:ţ]
24 heures sur 24	dygnet runt	['dɤngnet ,runt]

19. Les mois. Les saisons

janvier (m)	januari	['janu,ari]
février (m)	februari	[fɛbru'ari]
mars (m)	mars	['ma:ʂ]
avril (m)	april	[a'prilʲ]
mai (m)	maj	['maj]
juin (m)	juni	['ju:ni]

juillet (m)	juli	['juːli]
août (m)	augusti	[auˈgusti]
septembre (m)	september	[sɛpˈtɛmbər]
octobre (m)	oktober	[ɔkˈtubər]
novembre (m)	november	[nɔˈvɛmbər]
décembre (m)	december	[deˈsɛmbər]
printemps (m)	vår (en)	['voːr]
au printemps	på våren	[pɔ ˈvoːrən]
de printemps (adj)	vår-	['voːr-]
été (m)	sommar (en)	['sɔmar]
en été	på sommaren	[pɔ ˈsɔmarən]
d'été (adj)	sommar-	['sɔmar-]
automne (m)	höst (en)	['høst]
en automne	på hösten	[pɔ ˈhøstən]
d'automne (adj)	höst-	['høst-]
hiver (m)	vinter (en)	['vintər]
en hiver	på vintern	[pɔ ˈvintərn]
d'hiver (adj)	vinter-	['vintər-]
mois (m)	månad (en)	['moːnad]
ce mois	den här månaden	[dɛn hæːr ˈmoːnadən]
le mois prochain	nästa månad	['nɛsta ˈmoːnad]
le mois dernier	förra månaden	['fœːra ˈmoːnadən]
il y a un mois	för en månad sedan	['før en ˈmoːnad ˈsedan]
dans un mois	om en månad	[ɔm en ˈmoːnad]
dans 2 mois	om två månader	[ɔm tvoː ˈmoːnadər]
tout le mois	en hel månad	[en helʲ ˈmoːnad]
tout un mois	hela månaden	['helʲa ˈmoːnadən]
mensuel (adj)	månatlig	[moˈnatlig]
mensuellement	månatligen	[moˈnatligən]
chaque mois	varje månad	['varjə ˌmoːnad]
2 fois par mois	två gånger i månaden	[tvoː ˈgɔŋər i ˈmoːnadən]
année (f)	år (ett)	['oːr]
cette année	i år	[i 'oːr]
l'année prochaine	nästa år	['nɛsta ˌoːr]
l'année dernière	i fjol, förra året	[i 'fjulʲ], ['fœːra 'oːret]
il y a un an	för ett år sedan	['før et 'oːr 'sedan]
dans un an	om ett år	[ɔm et 'oːr]
dans 2 ans	om två år	[ɔm tvoː 'oːr]
toute l'année	ett helt år	[ɛt helʲt 'oːr]
toute une année	hela året	['helʲa 'oːret]
chaque année	varje år	['varjə 'oːr]
annuel (adj)	årlig	['oːlʲig]

annuellement	**årligen**	['oːˌ[igən]
4 fois par an	**fyra gånger om året**	['fyra 'gɔŋər ɔm 'oːret]
date (f) (jour du mois)	**datum (ett)**	['datum]
date (f) (~ mémorable)	**datum (ett)**	['datum]
calendrier (m)	**almanacka (en)**	['alʲmanaka]
six mois	**halvår (ett)**	['halʲvˌoːr]
semestre (m)	**halvår (ett)**	['halʲvˌoːr]
saison (f)	**årstid (en)**	['oːʂˌtid]
siècle (m)	**sekel (ett)**	['sekəlʲ]

T&P BOOKS

LES VOYAGES. L'HÔTEL

T&P Books Publishing

tourisme (m)	turism (en)	[tu'rism]
touriste (m)	turist (en)	[tu'rist]
voyage (m) (à l'étranger)	resa (en)	['resa]
aventure (f)	äventyr (ett)	['ɛ:vɛn‚tyr]
voyage (m)	tripp (en)	['trip]
vacances (f pl)	semester (en)	[se'mɛstər]
être en vacances	att ha semester	[at ha se'mɛstər]
repos (m) (jours de ~)	uppehåll (ett), vila (en)	['upə'ho:lʲ], ['vilʲa]
train (m)	tåg (ett)	['to:g]
en train	med tåg	[me 'to:g]
avion (m)	flygplan (ett)	['flʲygplʲan]
en avion	med flygplan	[me 'flʲygplʲan]
en voiture	med bil	[me 'bilʲ]
en bateau	med båt	[me 'bo:t]
bagage (m)	bagage (ett)	[ba'ga:ʃ]
malle (f)	resväska (en)	['rɛs‚vɛska]
chariot (m)	bagagevagn (en)	[ba'ga:ʃ ‚vagn]
passeport (m)	pass (ett)	['pas]
visa (m)	visum (ett)	['vi:sum]
ticket (m)	biljett (en)	[bi'lʲet]
billet (m) d'avion	flygbiljett (en)	['flʲyg bi‚lʲet]
guide (m) (livre)	reseguidebok (en)	['rese‚gajdbʊk]
carte (f)	karta (en)	['ka:ʈa]
région (f) (~ rurale)	område (ett)	['ɔm‚ro:də]
endroit (m)	plats (en)	['plʲats]
exotisme (m)	(det) exotiska	[ɛ'ksɔtiska]
exotique (adj)	exotisk	[ɛk'sɔtisk]
étonnant (adj)	förunderlig	[fø'rundelig]
groupe (m)	grupp (en)	['grup]
excursion (f)	utflykt (en)	['ʉt‚flʲykt]
guide (m) (personne)	guide (en)	['gajd]

hôtel (m)	hotell (ett)	[hʊ'tɛlʲ]
motel (m)	motell (ett)	[mʊ'tɛlʲ]

3 étoiles	**trestjärnigt**	['tre͵ʃæːɳit]
5 étoiles	**femstjärnigt**	[fɛm͵ʃæːɳit]
descendre (à l'hôtel)	**att bo**	[at 'buː]
chambre (f)	**rum (ett)**	['ruːm]
chambre (f) simple	**enkelrum (ett)**	['ɛŋkəlʲ͵ruːm]
chambre (f) double	**dubbelrum (ett)**	['dubəlʲ͵ruːm]
réserver une chambre	**att boka rum**	[at 'buka 'ruːm]
demi-pension (f)	**halvpension (en)**	['halʲv͵pan'ʃʊn]
pension (f) complète	**helpension (en)**	['helʲ͵pan'ʃʊn]
avec une salle de bain	**med badkar**	[me 'bad͵kar]
avec une douche	**med dusch**	[me 'duʃ]
télévision (f) par satellite	**satellit-TV (en)**	[satɛ'liːt 'teve]
climatiseur (m)	**luftkonditionerare (en)**	['lʊft͵kɔndiɳu'nerarə]
serviette (f)	**handduk (en)**	['hand͵dɵːk]
clé (f)	**nyckel (en)**	['nʏkəlʲ]
administrateur (m)	**administratör (en)**	[administra'tør]
femme (f) de chambre	**städerska (en)**	['stɛːdɛʂka]
porteur (m)	**bärare (en)**	['bæːrarə]
portier (m)	**portier (en)**	[pɔ'tʲeː]
restaurant (m)	**restaurang (en)**	[rɛstɔ'raŋ]
bar (m)	**bar (en)**	['bar]
petit déjeuner (m)	**frukost (en)**	['frɵːkɔst]
dîner (m)	**kvällsmat (en)**	['kvɛlʲs͵mat]
buffet (m)	**buffet (en)**	[bu'fet]
hall (m)	**lobby (en)**	['lʲɔbi]
ascenseur (m)	**hiss (en)**	['his]
PRIÈRE DE NE PAS DÉRANGER	**STÖR EJ!**	['støːr ɛj]
DÉFENSE DE FUMER	**RÖKNING FÖRBJUDEN**	['rœkniŋ før'bjɵːdən]

22. Le tourisme

monument (m)	**monument (ett)**	[mɔnu'mɛnt]
forteresse (f)	**fästning (en)**	['fɛstniŋ]
palais (m)	**palats (ett)**	[pa'lʲats]
château (m)	**borg (en)**	['bɔrj]
tour (f)	**torn (ett)**	['tʊːɳ]
mausolée (m)	**mausoleum (ett)**	[maʊsʊ'lʲeum]
architecture (f)	**arkitektur (en)**	[arkitɛk'tɵːr]
médiéval (adj)	**medeltida**	['medəlʲ͵tida]
ancien (adj)	**gammal**	['gamalʲ]
national (adj)	**nationell**	[natʃu'nɛlʲ]

connu (adj)	**berömd**	[be'rœmd]
touriste (m)	**turist (en)**	[tu'rist]
guide (m) (personne)	**guide (en)**	['gajd]
excursion (f)	**utflykt (en)**	['ʉtˌflʲykt]
montrer (vt)	**att visa**	[at 'visa]
raconter (une histoire)	**att berätta**	[at be'ræta]
trouver (vt)	**att hitta**	[at 'hita]
se perdre (vp)	**att gå vilse**	[at 'go: 'vilʲsə]
plan (m) (du metro, etc.)	**karta (en)**	['ka:ʈa]
carte (f) (de la ville, etc.)	**karta (en)**	['ka:ʈa]
souvenir (m)	**souvenir (en)**	[sʉvɛ'ni:r]
boutique (f) de souvenirs	**souvenirbutik (en)**	[sʉvɛ'ni:r bu'tik]
prendre en photo	**att fotografera**	[at fʊtʊgra'fera]
se faire prendre en photo	**att bli fotograferad**	[at bli fʊtʊgra'ferad]

LES TRANSPORTS

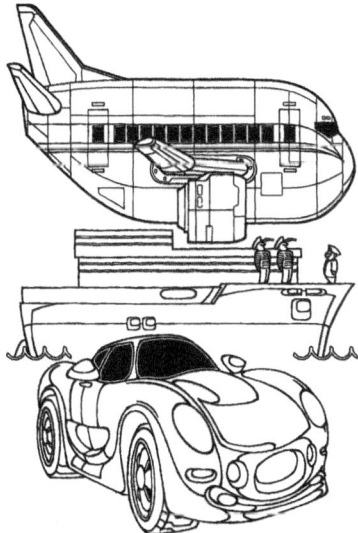

T&P Books Publishing

aéroport (m)	**flygplats (en)**	['flˈyg‚plˈats]
avion (m)	**flygplan (ett)**	['flˈygplˈan]
compagnie (f) aérienne	**flygbolag (ett)**	['flˈyg‚bulˈag]
contrôleur (m) aérien	**flygledare (en)**	['flˈyg‚lˈedarə]
départ (m)	**avgång (en)**	['av‚gɔŋ]
arrivée (f)	**ankomst (en)**	['aŋ‚kɔmst]
arriver (par avion)	**att ankomma**	[at 'aŋ‚kɔma]
temps (m) de départ	**avgångstid (en)**	['avgɔŋs‚tid]
temps (m) d'arrivée	**ankomsttid (en)**	['aŋkɔmst‚tid]
être retardé	**att bli försenad**	[at bli fœ:'ʂɛnad]
retard (m) de l'avion	**avgångsförsening (en)**	['avgɔŋs‚fœ:'ʂɛniŋ]
tableau (m) d'informations	**informationstavla (en)**	[informa'ʃuns‚tavlˈa]
information (f)	**information (en)**	[informa'ʃun]
annoncer (vt)	**att meddela**	[at 'me‚delˈa]
vol (m)	**flyg (ett)**	['flˈyg]
douane (f)	**tull (en)**	['tulˈ]
douanier (m)	**tulltjänsteman (en)**	['tulˈ 'ɕɛnstə‚man]
déclaration (f) de douane	**tulldeklaration (en)**	['tulˈ‚dɛklˈara'ʃun]
remplir (vt)	**att fylla i**	[at 'fylˈa 'i]
remplir la déclaration	**att fylla i en tulldeklaration**	[at 'fylˈa i en 'tulˈ‚dɛklˈara'ʃun]
contrôle (m) de passeport	**passkontroll (en)**	['paskɔn‚trolˈ]
bagage (m)	**bagage (ett)**	[ba'ga:ʃ]
bagage (m) à main	**handbagage (ett)**	['hand ba‚ga:ʃ]
chariot (m)	**bagagevagn (en)**	[ba'ga:ʃ ‚vagn]
atterrissage (m)	**landning (en)**	['lˈandniŋ]
piste (f) d'atterrissage	**landningsbana (en)**	['lˈandniŋs‚bana]
atterrir (vi)	**att landa**	[at 'lˈanda]
escalier (m) d'avion	**trappa (en)**	['trapa]
enregistrement (m)	**incheckning (en)**	['in‚ɕɛkniŋ]
comptoir (m) d'enregistrement	**incheckningsdisk (en)**	['in‚ɕɛkniŋs 'disk]
s'enregistrer (vp)	**att checka in**	[at 'ɕɛka in]
carte (f) d'embarquement	**boardingkort (ett)**	['bo:diŋ‚kɔ:t]
porte (f) d'embarquement	**gate (en)**	['gejt]

transit (m)	transit (en)	['transit]
attendre (vt)	att vänta	[at 'vɛnta]
salle (f) d'attente	väntsal (en)	['vɛnt‚salʲ]
raccompagner (à l'aéroport, etc.)	att vinka av	[at 'viŋka av]
dire au revoir	att säga adjö	[at 'sɛːja a'jøː]

24. L'avion

avion (m)	flygplan (ett)	['flʲygplʲan]
billet (m) d'avion	flygbiljett (en)	['flʲyg bi‚lʲet]
compagnie (f) aérienne	flygbolag (ett)	['flʲyg‚bulʲag]
aéroport (m)	flygplats (en)	['flʲyg‚plʲats]
supersonique (adj)	överljuds-	['øːvər‚juːds-]
commandant (m) de bord	kapten (en)	[kap'ten]
équipage (m)	besättning (en)	[be'sætniŋ]
pilote (m)	pilot (en)	[pi'lʲut]
hôtesse (f) de l'air	flygvärdinna (en)	['flʲyg‚væːdina]
navigateur (m)	styrman (en)	['styr‚man]
ailes (f pl)	vingar (pl)	['viŋar]
queue (f)	stjärtfena (en)	['ɧæːt fena]
cabine (f)	cockpit, förarkabin (en)	['kɔkpit], ['føːrar‚ka'bin]
moteur (m)	motor (en)	['mutur]
train (m) d'atterrissage	landningsställ (ett)	['landniŋs‚stɛlʲ]
turbine (f)	turbin (en)	[tur'bin]
hélice (f)	propeller (en)	[pru'pɛlʲər]
boîte (f) noire	svart låda (en)	['svaːt 'lʲoːda]
gouvernail (m)	styrspak (ett)	['sty‚spak]
carburant (m)	bränsle (ett)	['brɛnslʲe]
consigne (f) de sécurité	säkerhetsinstruktion (en)	['sɛːkərhets instruk'ɧun]
masque (m) à oxygène	syremask (en)	['syre‚maɛk]
uniforme (m)	uniform (en)	[uni'fɔrm]
gilet (m) de sauvetage	räddningsväst (en)	['rɛdniŋ‚vɛst]
parachute (m)	fallskärm (en)	['falʲ‚ɧæːrm]
décollage (m)	start (en)	['staːt]
décoller (vi)	att lyfta	[at 'lʲyfta]
piste (f) de décollage	startbana (en)	['staːt‚baːna]
visibilité (f)	siktbarhet (en)	['siktbar‚het]
vol (m) (~ d'oiseau)	flygning (en)	['flʲygniŋ]
altitude (f)	höjd (en)	['hœjd]
trou (m) d'air	luftgrop (en)	['lʊft‚grʊp]
place (f)	plats (en)	['plʲats]
écouteurs (m pl)	hörlurar (pl)	['hœː‚lʲʉːrar]

tablette (f)	utfällbart bord (ett)	['ʉtfɛlˌbart 'bʊːd]
hublot (m)	fönster (ett)	['fœnstər]
couloir (m)	mittgång (en)	['mitˌgɔŋ]

25. Le train

train (m)	tåg (ett)	['toːg]
train (m) de banlieue	lokaltåg, pendeltåg (ett)	[lʲɔ'kalʲˌtoːg], ['pendəlˌtoːg],
TGV (m)	expresståg (ett)	[ɛks'prɛsˌtoːg]
locomotive (f) diesel	diesellokomotiv (ett)	['disəlʲ lʲɔkɔmɔ'tiv]
locomotive (f) à vapeur	ånglokomotiv (en)	['ɔŋˌlʲɔkɔmɔ'tiv]
wagon (m)	vagn (en)	['vagn]
wagon-restaurant (m)	restaurangvagn (en)	[rɛstɔ'raŋˌvagn]
rails (m pl)	räls, rälsar (pl)	['rɛlʲs], ['rɛlʲsar]
chemin (m) de fer	järnväg (en)	['jæːnˌvɛːg]
traverse (f)	sliper (en)	['slipər]
quai (m)	perrong (en)	[pɛ'rɔŋ]
voie (f)	spår (ett)	['spoːr]
sémaphore (m)	semafor (en)	[sema'for]
station (f)	station (en)	[sta'ʃʉn]
conducteur (m) de train	lokförare (en)	['lʲukˌføːrarə]
porteur (m)	bärare (en)	['bæːrarə]
steward (m)	tågvärd (en)	['toːgˌvæːd]
passager (m)	passagerare (en)	[pasa'ʃerarə]
contrôleur (m) de billets	kontrollant (en)	[kɔntrɔ'lʲant]
couloir (m)	korridor (en)	[kɔri'doːr]
frein (m) d'urgence	nödbroms (en)	['nøːdˌbrɔms]
compartiment (m)	kupé (en)	[kʉ'peː]
couchette (f)	slaf, säng (en)	['slaf], ['sɛŋ]
couchette (f) d'en haut	överslaf (en)	['øvəˌslaf]
couchette (f) d'en bas	underslaf (en)	['undəˌslaf]
linge (m) de lit	sängkläder (pl)	['sɛŋˌklʲɛːdər]
ticket (m)	biljett (en)	[bi'lʲet]
horaire (m)	tidtabell (en)	['tid ta'bɛlʲ]
tableau (m) d'informations	informationstavla (en)	[informa'ʃʉnsˌtavlʲa]
partir (vi)	att avgå	[at 'avˌgoː]
départ (m) (du train)	avgång (en)	['avˌgɔŋ]
arriver (le train)	att ankomma	[at 'aŋˌkɔma]
arrivée (f)	ankomst (en)	['aŋˌkɔmst]
arriver en train	att ankomma med tåget	[at 'aŋˌkɔma me 'toːgət]
prendre le train	att stiga på tåget	[at 'stiga pɔ 'toːgət]

descendre du train	att stiga av tåget	[at 'stiga av 'to:gət]
accident (m) ferroviaire	tågolycka (en)	['to:g ʊ:'lʲyka]
dérailler (vi)	att spåra ur	[at 'spo:ra ʉ:r]
locomotive (f) à vapeur	ånglokomotiv (en)	['ɔŋ ˌlʲɔkɔmɔ'tiv]
chauffeur (m)	eldare (en)	['ɛlʲdarə]
chauffe (f)	eldstad (en)	['ɛlʲdˌstad]
charbon (m)	kol (ett)	['kɔlʲ]

26. Le bateau

| bateau (m) | skepp (ett) | ['ʃɛp] |
| navire (m) | fartyg (ett) | ['fa:ˌtyg] |

bateau (m) à vapeur	ångbåt (en)	['ɔŋˌbo:t]
paquebot (m)	flodbåt (en)	['flʲʊdˌbo:t]
bateau (m) de croisière	kryssningfartyg (ett)	['krysniŋˌfa:'tyg]
croiseur (m)	kryssare (en)	['krʏsarə]

yacht (m)	jakt (en)	['jakt]
remorqueur (m)	bogserbåt (en)	['bʊksɛ:rˌbo:t]
péniche (f)	pråm (en)	['pro:m]
ferry (m)	färja (en)	['fæ:rja]

| voilier (m) | segelbåt (en) | ['segəlʲˌbo:t] |
| brigantin (m) | brigantin (en) | [brigan'tin] |

| brise-glace (m) | isbrytare (en) | ['isˌbrytarə] |
| sous-marin (m) | ubåt (en) | [ʉ:'bo:t] |

canot (m) à rames	båt (en)	['bo:t]
dinghy (m)	jolle (en)	['jɔlʲe]
canot (m) de sauvetage	livbåt (en)	['livˌbo:t]
canot (m) à moteur	motorbåt (en)	['mʊtʊrˌbo:t]

capitaine (m)	kapten (en)	[ˌkap'ten]
matelot (m)	matros (en)	[ma'trʊs]
marin (m)	sjöman (en)	['ʃø:ˌman]
équipage (m)	besättning (en)	[be'sætniŋ]

maître (m) d'équipage	båtsman (en)	['bɔtsman]
mousse (m)	jungman (en)	['jʉŋˌman]
cuisinier (m) du bord	kock (en)	['kɔk]
médecin (m) de bord	skeppsläkare (en)	['ʃɛpˌlʲɛ:karə]

pont (m)	däck (ett)	['dɛk]
mât (m)	mast (en)	['mast]
voile (f)	segel (ett)	['segəlʲ]

| cale (f) | lastrum (ett) | ['lʲastˌru:m] |
| proue (f) | bog (en) | ['bʊg] |

poupe (f)	**akter (en)**	['aktər]
rame (f)	**åra (en)**	['oːra]
hélice (f)	**propeller (en)**	[prʊ'pɛlʲər]
cabine (f)	**hytt (en)**	['hʏt]
carré (m) des officiers	**officersmäss (en)**	[ɔfi'seːrsˌmɛs]
salle (f) des machines	**maskinrum (ett)**	[ma'ɧiːnˌruːm]
passerelle (f)	**kommandobrygga (en)**	[kɔm'andʊˌbrʏga]
cabine (f) de T.S.F.	**radiohytt (en)**	['radiʊˌhʏt]
onde (f)	**våg (en)**	['voːg]
journal (m) de bord	**loggbok (en)**	['lʲɔgˌbʊk]
longue-vue (f)	**tubkikare (en)**	['tʉbˌɕikarə]
cloche (f)	**klocka (en)**	['klʲɔka]
pavillon (m)	**flagga (en)**	['flʲaga]
grosse corde (f) tressée	**tross (en)**	['trɔs]
nœud (m) marin	**knop, knut (en)**	['knʊp], ['knʉt]
rampe (f)	**räcken (pl)**	['rɛkən]
passerelle (f)	**landgång (en)**	['lʲandˌgɔŋ]
ancre (f)	**ankar (ett)**	['aŋkar]
lever l'ancre	**att lätta ankar**	[at 'lʲæta 'aŋkar]
jeter l'ancre	**att kasta ankar**	[at 'kasta 'aŋkar]
chaîne (f) d'ancrage	**ankarkätting (en)**	['aŋkarˌɕætiŋ]
port (m)	**hamn (en)**	['hamn]
embarcadère (m)	**kaj (en)**	['kaj]
accoster (vi)	**att förtöja**	[at fœː'ʈœːja]
larguer les amarres	**att kasta loss**	[at 'kasta 'lʲɔs]
voyage (m) (à l'étranger)	**resa (en)**	['resa]
croisière (f)	**kryssning (en)**	['krʏsniŋ]
cap (m) (suivre un ~)	**kurs (en)**	['kuːʂ]
itinéraire (m)	**rutt (en)**	['rut]
chenal (m)	**farled, segelled (en)**	['faːˌlʲed], ['segəlˌled]
bas-fond (m)	**grund (ett)**	['grʉnd]
échouer sur un bas-fond	**att gå på grund**	[at 'goː pɔ 'grʉnd]
tempête (f)	**storm (en)**	['stɔrm]
signal (m)	**signal (en)**	[sig'nalʲ]
sombrer (vi)	**att sjunka**	[at 'ɧuŋka]
Un homme à la mer!	**Man överbord!**	['man 'øːvəˌbʊːd]
SOS (m)	**SOS**	[ɛso'ɛs]
bouée (f) de sauvetage	**livboj (en)**	['livˌbɔj]

BOOKS

T&P

LA VILLE

T&P Books Publishing

autobus (m)	**buss (en)**	['bus]
tramway (m)	**spårvagn (en)**	['spo:r‚vagn]
trolleybus (m)	**trådbuss (en)**	['tro:d‚bus]
itinéraire (m)	**rutt (en)**	['rut]
numéro (m)	**nummer (ett)**	['numər]
prendre …	**att åka med …**	[at 'o:ka me …]
monter (dans l'autobus)	**att stiga på …**	[at 'stiga pɔ …]
descendre de …	**att stiga av …**	[at 'stiga 'av …]
arrêt (m)	**hållplats (en)**	['ho:lⁱ‚plats]
arrêt (m) prochain	**nästa hållplats (en)**	['nɛsta 'hɔ:lⁱ‚plats]
terminus (m)	**slutstation (en)**	['slʉt‚sta'ʂʊn]
horaire (m)	**tidtabell (en)**	['tid ta'bɛlʲ]
attendre (vt)	**att vänta**	[at 'vɛnta]
ticket (m)	**biljett (en)**	[bi'lʲet]
prix (m) du ticket	**biljettpris (ett)**	[bi'lʲet‚pris]
caissier (m)	**kassör (en)**	[ka'sø:r]
contrôle (m) des tickets	**biljettkontroll (en)**	[bi'lʲet kɔn'trɔlʲ]
contrôleur (m)	**kontrollant (en)**	[kɔntrɔ'lʲant]
être en retard	**att komma för sent**	[at 'kɔma før 'sɛnt]
rater (~ le train)	**att komma för sent till …**	[at 'kɔma før 'sɛnt tilʲ …]
se dépêcher	**att skynda sig**	[at 'ʃynda sɛj]
taxi (m)	**taxi (en)**	['taksi]
chauffeur (m) de taxi	**taxichaufför (en)**	['taksi ʃɔ'fø:r]
en taxi	**med taxi**	[me 'taksi]
arrêt (m) de taxi	**taxihållplats (en)**	['taksi 'hɔ:lⁱ‚plʲats]
appeler un taxi	**att ringa efter taxi**	[at 'riŋa ‚ɛftə 'taksi]
prendre un taxi	**att ta en taxi**	[at ta en 'taksi]
trafic (m)	**trafik (en)**	[tra'fik]
embouteillage (m)	**trafikstopp (ett)**	[tra'fik‚stɔp]
heures (f pl) de pointe	**rusningstid (en)**	['rusniŋs‚tid]
se garer (vp)	**att parkera**	[at par'kera]
garer (vt)	**att parkera**	[at par'kera]
parking (m)	**parkeringsplats (en)**	[par'keriŋs‚plʲats]
métro (m)	**tunnelbana (en)**	['tunəlⁱ‚bana]
station (f)	**station (en)**	[sta'ʂʊn]
prendre le métro	**att ta tunnelbanan**	[at ta 'tunəlⁱ‚banan]

train (m)   **tåg (ett)**   ['toːg]
gare (f)   **tågstation (en)**   ['toːgˌstaˈɧʊn]

28. La ville. La vie urbaine

ville (f)   **stad (en)**   ['stad]
capitale (f)   **huvudstad (en)**   ['hʉːvʉdˌstad]
village (m)   **by (en)**   ['by]

plan (m) de la ville   **stadskarta (en)**   ['stadsˌkaːʈa]
centre-ville (m)   **centrum (ett)**   ['sɛntrum]
banlieue (f)   **förort (en)**   ['førˌʊːt]
de banlieue (adj)   **förorts-**   ['førˌʊːts-]

périphérie (f)   **utkant (en)**   ['ʉtˌkant]
alentours (m pl)   **omgivningar (pl)**   ['ɔmˌjiːvniŋar]
quartier (m)   **kvarter (ett)**   [kvaːˈʈər]
quartier (m) résidentiel   **bostadskvarter (ett)**   ['bʊstadsˌkvaːˈʈər]

trafic (m)   **trafik (en)**   [traˈfik]
feux (m pl) de circulation   **trafikljus (ett)**   [traˈfikˌjʉːs]
transport (m) urbain   **offentlig transport (en)**   [ɔ'fɛntli transˈpɔːt]
carrefour (m)   **korsning (en)**   ['kɔːʂniŋ]

passage (m) piéton   **övergångsställe (ett)**   ['øːvergɔŋsˌstɛlʲe]
passage (m) souterrain   **gångtunnel (en)**   ['gɔŋˌtunəlʲ]
traverser (vt)   **att gå över**   [at 'goː 'øːvər]
piéton (m)   **fotgängare (en)**   ['fʊtˌjenarə]
trottoir (m)   **trottoar (en)**   [trɔtʊ'ar]

pont (m)   **bro (en)**   ['brʊ]
quai (m)   **kaj (en)**   ['kaj]
fontaine (f)   **fontän (en)**   [fɔn'tɛn]

allée (f)   **allé (en)**   ǀaˈlʲeː]
parc (m)   **park (en)**   ['park]
boulevard (m)   **boulevard (en)**   [bʊlʲe'va:d]
place (f)   **torg (ett)**   ['tɔrj]
avenue (f)   **aveny (en)**   [ave'ny]
rue (f)   **gata (en)**   ['gata]
ruelle (f)   **sidogata (en)**   ['sidʊˌgata]
impasse (f)   **återvändsgränd (en)**   ['oːtərvɛnsˌgrɛnd]

maison (f)   **hus (ett)**   ['hʉs]
édifice (m)   **byggnad (en)**   ['bʏgnad]
gratte-ciel (m)   **skyskrapa (en)**   ['ɧyˌskrapa]

façade (f)   **fasad (en)**   [faˈsad]
toit (m)   **tak (ett)**   ['tak]
fenêtre (f)   **fönster (ett)**   ['fœnstɐr]

arc (m)	båge (en)	['bo:gə]
colonne (f)	kolonn (en)	[kuˈlʲɔn]
coin (m)	knut (en)	['knʉt]

vitrine (f)	skyltfönster (ett)	['ɦylʲt̩fœnstər]
enseigne (f)	skylt (en)	['ɦylʲt]
affiche (f)	affisch (en)	[aˈfi:ʃ]
affiche (f) publicitaire	reklamplakat (ett)	[rɛˈklʲam͵plʲaˈkat]
panneau-réclame (m)	reklamskylt (en)	[rɛˈklʲam͵ɦylʲt]

ordures (f pl)	sopor, avfall (ett)	['sʉpʊr], ['avfalʲ]
poubelle (f)	soptunna (en)	['sʉp͵tuna]
jeter à terre	att skräpa ner	[at 'skrɛ:pa ner]
décharge (f)	soptipp (en)	['sʉp͵tip]

cabine (f) téléphonique	telefonkiosk (en)	[telʲeˈfɔn͵çøsk]
réverbère (m)	lyktstolpe (en)	['lʲyk͵stɔlʲpə]
banc (m)	bänk (ett)	['bɛŋk]

policier (m)	polis (en)	[pʊˈlis]
police (f)	polis (en)	[pʊˈlis]
clochard (m)	tiggare (en)	['tigarə]
sans-abri (m)	hemlös (ett)	['hɛmlʲø:s]

29. Les institutions urbaines

magasin (m)	affär, butik (en)	[aˈfæ:r], [bʉˈtik]
pharmacie (f)	apotek (ett)	[apʊˈtek]
opticien (f)	optiker (en)	['ɔptikər]
centre (m) commercial	köpcenter (ett)	['çø:p͵sɛntɛr]
supermarché (m)	snabbköp (ett)	['snab͵çø:p]

boulangerie (f)	bageri (ett)	[bageˈri:]
boulanger (m)	bagare (en)	['bagarə]
pâtisserie (f)	konditori (ett)	[kɔnditʊˈri:]
épicerie (f)	speceriaffär (en)	[speseˈri aˈfæ:r]
boucherie (f)	slaktare butik (en)	['slʲaktarə bʉˈtik]

| magasin (m) de légumes | grönsakshandel (en) | ['grø:nsaks͵handəlʲ] |
| marché (m) | marknad (en) | ['marknad] |

salon (m) de café	kafé (ett)	[kaˈfe:]
restaurant (m)	restaurang (en)	[rɛstɔˈraŋ]
brasserie (f)	pub (en)	['pub]
pizzeria (f)	pizzeria (en)	[pitseˈria]

salon (m) de coiffure	frisersalong (en)	['frisər ʂa͵lʲɔŋ]
poste (f)	post (en)	['pɔst]
pressing (m)	kemtvätt (en)	['çemtvæt]
atelier (m) de photo	fotoateljé (en)	['fʊtʊ ate͵lje:]

magasin (m) de chaussures	**skoaffär (en)**	['skʊːaˌfæːr]
librairie (f)	**bokhandel (en)**	['bʊkˌhandəlʲ]
magasin (m) d'articles de sport	**sportaffär (en)**	['spɔːʈ aˈfæːr]
atelier (m) de retouche	**klädreparationer (en)**	['klʲɛd ˈreparaˌɧʊnər]
location (f) de vêtements	**kläduthyrning (en)**	['klʲɛd ɵˈtyːɳiŋ]
location (f) de films	**filmuthyrning (en)**	['filʲm ɵˈtyːɳiŋ]
cirque (m)	**cirkus (en)**	['sirkɵs]
zoo (m)	**zoo (ett)**	['sʊː]
cinéma (m)	**biograf (en)**	[biʊˈɡraf]
musée (m)	**museum (ett)**	[mɵˈseum]
bibliothèque (f)	**bibliotek (ett)**	[bibliʊˈtek]
théâtre (m)	**teater (en)**	[teˈatər]
opéra (m)	**opera (en)**	['ʊpera]
boîte (f) de nuit	**nattklubb (en)**	['natˌklɵb]
casino (m)	**kasino (ett)**	[kaˈsinʊ]
mosquée (f)	**moské (en)**	[mʊsˈkeː]
synagogue (f)	**synagoga (en)**	['synaˌɡɔɡa]
cathédrale (f)	**katedral (en)**	[katɛˈdralʲ]
temple (m)	**tempel (ett)**	['tɛmpəlʲ]
église (f)	**kyrka (en)**	['çyrka]
institut (m)	**institut (ett)**	[instiˈtɵt]
université (f)	**universitet (ett)**	[univɛʂiˈtet]
école (f)	**skola (en)**	['skʊlʲa]
préfecture (f)	**prefektur (en)**	[prefɛkˈtɵːr]
mairie (f)	**rådhus (en)**	['rɔdˌhɵs]
hôtel (m)	**hotell (ett)**	[hʊˈtɛlʲ]
banque (f)	**bank (en)**	['baŋk]
ambassade (f)	**ambassad (en)**	[ambaˈsad]
agence (f) de voyages	**resebyrå (en)**	['resebyˌroː]
bureau (m) d'information	**informationsbyrå (en)**	[infɔrmaˈɧʊns byˌroː]
bureau (m) de change	**växelkontor (ett)**	['vɛksəlʲ kɔnˈtʊr]
métro (m)	**tunnelbana (en)**	['tunəlʲˌbana]
hôpital (m)	**sjukhus (ett)**	['ɧɵːkˌhɵs]
station-service (f)	**bensinstation (en)**	[bɛnˈsinˌstaˈɧʊn]
parking (m)	**parkeringsplats (en)**	[parˈkeriŋsˌplʲats]

30. Les enseignes. Les panneaux

enseigne (f)	**skylt (en)**	['ɧylʲt]
pancarte (f)	**inskrift (en)**	['inˌskrift]

poster (m)	poster, löpsedel (en)	['pɔstər], ['løp,sedəlʲ]
indicateur (m) de direction	vägvisare (en)	['vɛːg,visarə]
flèche (f)	pil (en)	['pilʲ]

avertissement (m)	varning (en)	['vaːɳiŋ]
panneau d'avertissement	varningsskylt (en)	['vaːɳiŋs ˌɧylʲt]
avertir (vt)	att varna	[at 'vaːɳa]

jour (m) de repos	fridag (en)	['friˌdag]
horaire (m)	tidtabell (en)	['tid ta'bɛlʲ]
heures (f pl) d'ouverture	öppettider (pl)	['øpetˌtiːdər]

BIENVENUE!	VÄLKOMMEN!	['vɛlʲˌkɔmən]
ENTRÉE	INGÅNG	['inˌgɔŋ]
SORTIE	UTGÅNG	['ʉtˌgɔŋ]

POUSSER	TRYCK	['trʏk]
TIRER	DRAG	['drag]
OUVERT	ÖPPET	['øpet]
FERMÉ	STÄNGT	['stɛɳt]

FEMMES	DAMER	['damər]
HOMMES	HERRAR	['hɛ'rar]
RABAIS	RABATT	[ra'bat]
SOLDES	REA	['rea]
NOUVEAU!	NYHET!	['nyhet]
GRATUIT	GRATIS	['gratis]

ATTENTION!	OBS!	['ɔbs]
COMPLET	FUIIBOKAT	['fulʲˌbʉkat]
RÉSERVÉ	RESERVERAT	[resɛr'verat]

| ADMINISTRATION | ADMINISTRATION | [administra'ɧʉn] |
| RÉSERVÉ AU PERSONNEL | ENDAST PERSONAL | ['ɛndast pɛʂʉ'nalʲ] |

ATTENTION CHIEN MÉCHANT	VARNING FÖR HUNDEN	['vaːɳiŋ før 'hundən]
DÉFENSE DE FUMER	RÖKNING FÖRBJUDEN	['rœkniŋ før'bjʉːdən]
PRIÈRE DE NE PAS TOUCHER	FÅR EJ VIDRÖRAS!	['foːr ej 'vidrøːras]

DANGEREUX	FARLIG	['faːlʲig]
DANGER	FARA	['fara]
HAUTE TENSION	HÖGSPÄNNING	['høːgˌspɛniŋ]
BAIGNADE INTERDITE	BADNING FÖRBJUDEN	['badniŋ før'bjʉːdən]
HORS SERVICE	UR FUNKTION	['ʉr fuŋk'ɧʉn]

INFLAMMABLE	BRANDFARLIG	['brandˌfaːlʲig]
INTERDIT	FÖRBJUD	[før'bjʉːd]
PASSAGE INTERDIT	TIIITRÄDE FÖRBJUDET	['tilʲtrɛːdə før'bjʉːdət]
PEINTURE FRAÎCHE	NYMÅLAT	['nyˌmoːlʲat]

31. Le shopping

acheter (vt)	**att köpa**	[at 'çø:pa]
achat (m)	**inköp (ett)**	['in,çø:p]
faire des achats	**att shoppa**	[at 'ʃɔpa]
shopping (m)	**shopping (en)**	['ʃɔpiŋ]
être ouvert	**att vara öppen**	[at 'vara 'øpən]
être fermé	**att vara stängd**	[at 'vara stɛŋd]
chaussures (f pl)	**skodon** (pl)	['skʊdʊn]
vêtement (m)	**kläder** (pl)	['klˡɛ:dər]
produits (m pl) de beauté	**kosmetika (en)**	[kɔs'mɛtika]
produits (m pl) alimentaires	**matvaror** (pl)	['mat,varʊr]
cadeau (m)	**gåva, present (en)**	['go:va], [pre'sɛnt]
vendeur (m)	**försäljare (en)**	[fœ:'ʂɛljarə]
vendeuse (f)	**försäljare (en)**	[fœ:'ʂɛljarə]
caisse (f)	**kassa (en)**	['kasa]
miroir (m)	**spegel (en)**	['spegəlˡ]
comptoir (m)	**disk (en)**	['disk]
cabine (f) d'essayage	**provrum (ett)**	['prʊv,ru:m]
essayer (robe, etc.)	**att prova**	[at 'prʊva]
aller bien (robe, etc.)	**att passa**	[at 'pasa]
plaire (être apprécié)	**att gilla**	[at 'jilˡa]
prix (m)	**pris (ett)**	['pris]
étiquette (f) de prix	**prislapp (en)**	['pris,lˡap]
coûter (vt)	**att kosta**	[at 'kɔsta]
Combien?	**Hur mycket?**	[hʉr 'mʏkə]
rabais (m)	**rabatt (en)**	[ra'bat]
pas cher (adj)	**billig**	['bilig]
bon marché (adj)	**billig**	['bilig]
cher (adj)	**dyr**	['dyr]
C'est cher	**Det är dyrt**	[dɛ æ:r 'dy:t]
location (f)	**uthyrning (en)**	['ʉt,hyŋiŋ]
louer (une voiture, etc.)	**att hyra**	[at 'hyra]
crédit (m)	**kredit (en)**	[kre'dit]
à crédit (adv)	**på kredit**	[pɔ kre'dit]

LES VÊTEMENTS &
LES ACCESSOIRES

T&P Books Publishing

32. Les vêtements d'extérieur

vêtement (m)	kläder (pl)	['klʲɛ:dər]
survêtement (m)	ytterkläder	['ytəˌklʲɛ:dər]
vêtement (m) d'hiver	vinterkläder (pl)	['vintəˌklʲɛ:dər]
manteau (m)	rock, kappa (en)	['rɔk], ['kapa]
manteau (m) de fourrure	päls (en)	['pɛlʲs]
veste (f) de fourrure	pälsjacka (en)	['pɛlʲsˌjaka]
manteau (m) de duvet	dunjacka (en)	['dʉ:nˌjaka]
veste (f) (~ en cuir)	jacka (en)	['jaka]
imperméable (m)	regnrock (en)	['rɛgnˌrɔk]
imperméable (adj)	vattentät	['vatənˌtɛt]

33. Les vêtements

chemise (f)	skjorta (en)	['ɧu:ʈa]
pantalon (m)	byxor (pl)	['byksʊr]
jean (m)	jeans (en)	['jins]
veston (m)	kavaj (en)	[ka'vaj]
complet (m)	kostym (en)	[kɔs'tym]
robe (f)	klänning (en)	['klʲɛniŋ]
jupe (f)	kjol (en)	['çø:lʲ]
chemisette (f)	blus (en)	['blʉ:s]
veste (f) en laine	stickad tröja (en)	['stikad 'trøja]
jaquette (f), blazer (m)	dräktjacka, kavaj (en)	['drɛkt 'jaka], ['kavaj]
tee-shirt (m)	T-shirt (en)	['ti:ˌʃɔ:ʈ]
short (m)	shorts (en)	['ʃɔ:ts]
costume (m) de sport	träningsoverall (en)	['trɛ:niŋs ɔve'rɔ:lʲ]
peignoir (m) de bain	morgonrock (en)	['mɔrgɔnˌrɔk]
pyjama (m)	pyjamas (en)	[py'jamas]
chandail (m)	sweater, tröja (en)	['svitər], ['trøja]
pull-over (m)	pullover (en)	[pu'lʲɔ:vər]
gilet (m)	väst (en)	['vɛst]
queue-de-pie (f)	frack (en)	['frak]
smoking (m)	smoking (en)	['smɔkiŋ]
uniforme (m)	uniform (en)	[uni'fɔrm]
tenue (f) de travail	arbetskläder (pl)	['arbetsˌklʲɛ:dər]

| salopette (f) | overall (en) | ['ɔveˌrɔːlʲ] |
| blouse (f) (d'un médecin) | rock (en) | ['rɔk] |

34. Les sous-vêtements

sous-vêtements (m pl)	underkläder (pl)	['undeˌklʲɛːdər]
boxer (m)	underbyxor (pl)	['undeˌbyksʊr]
slip (m) de femme	trosor (pl)	['trʊsʊr]
maillot (m) de corps	undertröja (en)	['undeˌtrøja]
chaussettes (f pl)	sockor (pl)	['sɔkʊr]

chemise (f) de nuit	nattlinne (ett)	['natˌlinə]
soutien-gorge (m)	behå (en)	[be'hoː]
chaussettes (f pl) hautes	knästrumpor (pl)	['knɛːˌstrumpʊr]
collants (m pl)	strumpbyxor (pl)	['strumpˌbyksʊr]
bas (m pl)	strumpor (pl)	['strumpʊr]
maillot (m) de bain	baddräkt (en)	['badˌdrɛkt]

35. Les chapeaux

chapeau (m)	hatt (en)	['hat]
chapeau (m) feutre	hatt (en)	['hat]
casquette (f) de base-ball	baseballkeps (en)	['bejsbɔlʲ keps]
casquette (f)	keps (en)	['keps]

béret (m)	basker (en)	['baskər]
capuche (f)	luva, kapuschong (en)	['lʉːva], [kapʉ'ʃɔːŋ]
panama (m)	panamahatt (en)	['panamaˌhat]
bonnet (m) de laine	luva (en)	['lʉːva]

| foulard (m) | sjalett (en) | [ʃa'lʲet] |
| chapeau (m) de femme | hatt (en) | ['hat] |

casque (m) (d'ouvriers)	hjälm (en)	['jɛlʲm]
calot (m)	båtmössa (en)	['bɔtˌmœsa]
casque (m) (~ de moto)	hjälm (en)	['jɛlʲm]

| melon (m) | plommonstop (ett) | ['plʲumɔnˌstʊp] |
| haut-de-forme (m) | hög hatt, cylinder (en) | ['høːg ˌhat], [sy'lindər] |

36. Les chaussures

chaussures (f pl)	skodon (pl)	['skʊdʊn]
bottines (f pl)	skor (pl)	['skʊr]
souliers (m pl) (~ plats)	damskor (pl)	['damˌskʊr]
bottes (f pl)	stövlar (pl)	['støvlʲar]

chaussons (m pl)	**tofflor** (pl)	['tɔflʉr]
tennis (m pl)	**tennisskor** (pl)	['tɛnisˌskʉr]
baskets (f pl)	**canvas skor** (pl)	['kanvas ˌskʉr]
sandales (f pl)	**sandaler** (pl)	[san'dalʲer]
cordonnier (m)	**skomakare (en)**	['skʉˌmakarə]
talon (m)	**klack (en)**	['klʲak]
paire (f)	**par (ett)**	['par]
lacet (m)	**skosnöre (ett)**	['skʉˌsnøːrə]
lacer (vt)	**att snöra**	[at 'snøːra]
chausse-pied (m)	**skohorn (ett)**	['skʉˌhʉːŋ]
cirage (m)	**skokräm (en)**	['skʉˌkrɛm]

37. Les accessoires personnels

gants (m pl)	**handskar** (pl)	['hanskar]
moufles (f pl)	**vantar** (pl)	['vantar]
écharpe (f)	**halsduk (en)**	['halʲsˌdʉːk]
lunettes (f pl)	**glasögon** (pl)	['glʲasˌøːgɔn]
monture (f)	**båge (en)**	['boːgə]
parapluie (m)	**paraply (ett)**	[para'plʲy]
canne (f)	**käpp (en)**	['ɕɛp]
brosse (f) à cheveux	**hårborste (en)**	['hoːrˌbɔːʂtə]
éventail (m)	**solfjäder (en)**	['sʉlʲˌfjɛːdər]
cravate (f)	**slips (en)**	['slips]
nœud papillon (m)	**fluga (en)**	['flʉːga]
bretelles (f pl)	**hängslen** (pl)	['hɛŋslʲən]
mouchoir (m)	**näsduk (en)**	['nɛsˌdʉk]
peigne (m)	**kam (en)**	['kam]
barrette (f)	**hårklämma (ett)**	['hoːrˌklʲɛma]
épingle (f) à cheveux	**hårnål (en)**	['hoːˌŋoːlʲ]
boucle (f)	**spänne (ett)**	['spɛnə]
ceinture (f)	**bälte (ett)**	['bɛlʲtə]
bandoulière (f)	**rem (en)**	['rem]
sac (m)	**väska (en)**	['vɛska]
sac (m) à main	**damväska (en)**	['damˌvɛska]
sac (m) à dos	**ryggsäck (en)**	['rʏgˌsɛk]

38. Les vêtements. Divers

| mode (f) | **mode (ett)** | ['mʉdə] |
| à la mode (adj) | **modern** | [mʉ'dɛːn] |

couturier, créateur de mode	modedesigner (en)	['mʊdə de'sajnər]
col (m)	krage (en)	['kragə]
poche (f)	ficka (en)	['fika]
de poche (adj)	fick-	['fik-]
manche (f)	ärm (en)	['æːrm]
bride (f)	hängband (ett)	['hɛŋ band]
braguette (f)	gylf (en)	['gylʲf]
fermeture (f) à glissière	blixtlås (ett)	['blikst ˌlʲoːs]
agrafe (f)	knäppning (en)	['knɛpniŋ]
bouton (m)	knapp (en)	['knap]
boutonnière (f)	knapphål (ett)	['knap ˌhoːlʲ]
s'arracher (bouton)	att lossna	[at 'lʲɔsna]
coudre (vi, vt)	att sy	[at sy]
broder (vt)	att brodera	[at brʊ'dera]
broderie (f)	broderi (ett)	[brʊde'riː]
aiguille (f)	synål (en)	['sy ˌnoːlʲ]
fil (m)	tråd (en)	['troːd]
couture (f)	söm (en)	['søːm]
se salir (vp)	att smutsa ned sig	[at 'smutsa ned sɛj]
tache (f)	fläck (en)	['flʲɛk]
se froisser (vp)	att bli skrynklig	[at bli 'skrʏŋklig]
déchirer (vt)	att riva	[at 'riva]
mite (f)	mal (en)	['malʲ]

39. L'hygiène corporelle. Les cosmétiques

dentifrice (m)	tandkräm (en)	['tand ˌkrɛm]
brosse (f) à dents	tandborste (en)	['tand ˌbɔːʂtə]
se brosser les dents	att borsta tänderna	[at 'bɔːʂta 'tɛndɛːŋa]
rasoir (m)	hyvel (en)	['hyvəlʲ]
crème (f) à raser	rakkräm (en)	['rak ˌkrɛm]
se raser (vp)	att raka sig	[at 'raka sɛj]
savon (m)	tvål (en)	['tvoːlʲ]
shampooing (m)	schampo (ett)	['ʃam ˌpʊ]
ciseaux (m pl)	sax (en)	['saks]
lime (f) à ongles	nagelfil (en)	['nagəlʲ ˌfilʲ]
pinces (f pl) à ongles	nageltång (en)	['nagəlʲ ˌtɔŋ]
pince (f) à épiler	pincett (en)	[pin'sɛt]
produits (m pl) de beauté	kosmetika (en)	[kɔs'mɛtika]
masque (m) de beauté	ansiktsmask (en)	[an'sikts ˌmask]
manucure (f)	manikyr (en)	[mani'kyr]
se faire les ongles	att få manikyr	[at foː mani'kyr]

pédicurie (f)	pedikyr (en)	[pedi'kyr]
trousse (f) de toilette	kosmetikväska (en)	[kɔsmɛ'tik̦vɛska]
poudre (f)	puder (ett)	['puːdər]
poudrier (m)	puderdosa (en)	['puːdɛ̩dɔːsa]
fard (m) à joues	rouge (ett)	['ruːʃ]
parfum (m)	parfym (en)	[par'fym]
eau (f) de toilette	eau de toilette (en)	['ɔːdetua̦lʲet]
lotion (f)	rakvatten (ett)	['rak̦vatən]
eau de Cologne (f)	eau de cologne (en)	['ɔːdekɔ̦lʲɔŋʲ]
fard (m) à paupières	ögonskugga (en)	['øːgɔn̦skuga]
crayon (m) à paupières	ögonpenna (en)	['øːgɔn̦pɛna]
mascara (m)	mascara (en)	[ma'skara]
rouge (m) à lèvres	läppstift (ett)	['lʲɛp̦stift]
vernis (m) à ongles	nagellack (ett)	['nagəlʲ̦lʲak]
laque (f) pour les cheveux	hårspray (en)	['hoːr̦sprɛj]
déodorant (m)	deodorant (en)	[deudu'rant]
crème (f)	kräm (en)	['krɛm]
crème (f) pour le visage	ansiktskräm (en)	[an'siktșkrɛm]
crème (f) pour les mains	handkräm (en)	['hand̦krɛm]
crème (f) anti-rides	anti-rynkor kräm (en)	['anti̦rʏŋkʊr 'krɛm]
crème (f) de jour	dagkräm (en)	['dag̦krɛm]
crème (f) de nuit	nattkräm (en)	['națkrɛm]
de jour (adj)	dag-	['dag-]
de nuit (adj)	natt-	['nat-]
tampon (m)	tampong (en)	[tam'pɔŋ]
papier (m) de toilette	toalettpapper (ett)	[tʊa'lʲețpapər]
sèche-cheveux (m)	hårtork (en)	['hoːˌtʊrk]

40. Les montres. Les horloges

montre (f)	armbandsur (ett)	['armbandșʉːr]
cadran (m)	urtavla (en)	['ʉːˌtavlʲa]
aiguille (f)	visare (en)	['viˌsarə]
bracelet (m)	armband (ett)	['arm̦band]
bracelet (m) (en cuir)	armband (ett)	['arm̦band]
pile (f)	batteri (ett)	[batɛ'riː]
être déchargé	att bli urladdad	[at bli 'ʉːˌlʲadad]
changer de pile	att byta batteri	[at 'byta batɛ'riː]
avancer (vi)	att gå för fort	[at 'goː før 'foːt]
retarder (vi)	att gå för långsamt	[at 'goː før 'lʲɔŋ̦samt]
pendule (f)	väggklocka (en)	['vɛg̦klʲɔka]
sablier (m)	sandklocka (en)	['sand̦klʲɔka]
cadran (m) solaire	solklocka (en)	['sʊlʲ̦klʲɔka]

réveil (m)	**väckarklocka (en)**	['vɛkarˌklɔka]
horloger (m)	**urmakare (en)**	['ʉrˌmakarə]
réparer (vt)	**att reparera**	[at repa'rera]

L'EXPÉRIENCE QUOTIDIENNE

T&P Books Publishing

41. L'argent

argent (m)	pengar (pl)	['pɛŋar]
échange (m)	växling (en)	['vɛksliŋ]
cours (m) de change	kurs (en)	['kuːʂ]
distributeur (m)	bankomat (en)	[baŋkʊ'mat]
monnaie (f)	mynt (ett)	['mʏnt]
dollar (m)	dollar (en)	['dɔlʲar]
euro (m)	euro (en)	['ɛvrɔ]
lire (f)	lire (en)	['lirə]
mark (m) allemand	mark (en)	['mark]
franc (m)	franc (en)	['fran]
livre sterling (f)	pund sterling (ett)	['pʊŋ stɛr'liŋ]
yen (m)	yen (en)	['jɛn]
dette (f)	skuld (en)	['skʉlʲd]
débiteur (m)	gäldenär (en)	[jɛlʲdɛ'næːr]
prêter (vt)	att låna ut	[at 'lʲoːna ʉt]
emprunter (vt)	att låna	[at 'lʲoːna]
banque (f)	bank (en)	['baŋk]
compte (m)	konto (ett)	['kɔntʊ]
verser (dans le compte)	att sätta in	[at 'sæta in]
verser dans le compte	att sätta in på kontot	[at 'sæta in pɔ 'kɔntʊt]
retirer du compte	att ta ut från kontot	[at ta ʉt frɔn 'kɔntʊt]
carte (f) de crédit	kreditkort (ett)	[kre'dit̩kɔːt]
espèces (f pl)	kontanter (pl)	[kɔn'tantər]
chèque (m)	check (en)	['ɕɛk]
faire un chèque	att skriva en check	[at 'skriva en 'ɕɛk]
chéquier (m)	checkbok (en)	['ɕɛk̩bʊk]
portefeuille (m)	plånbok (en)	['plʲoːn̩bʊk]
bourse (f)	börs (en)	['bøːʂ]
coffre fort (m)	säkerhetsskåp (ett)	['sɛːkərhets̩skoːp]
héritier (m)	arvinge (en)	['arviŋə]
héritage (m)	arv (ett)	['arv]
fortune (f)	förmögenhet (en)	[før'møgən̩het]
location (f)	hyra (en)	['hyra]
loyer (m) (argent)	hyra (en)	['hyra]
louer (prendre en location)	att hyra	[at 'hyra]
prix (m)	pris (ett)	['pris]

coût (m)	**kostnad (en)**	['kɔstnad]
somme (f)	**summa (en)**	['suma]
dépenser (vt)	**att lägga ut**	[at 'lʲɛga ʉt]
dépenses (f pl)	**utgifter** (pl)	['ʉtˌjiftər]
économiser (vt)	**att spara**	[at 'spara]
économe (adj)	**sparsam**	['spaːʂam]
payer (régler)	**att betala**	[at be'talʲa]
paiement (m)	**betalning (en)**	[be'talʲniŋ]
monnaie (f) (rendre la ~)	**växel (en)**	['vɛksəlʲ]
impôt (m)	**skatt (en)**	['skat]
amende (f)	**bot (en)**	['bʉt]
mettre une amende	**att bötfälla**	[at 'bøtˌfɛlʲa]

42. La poste. Les services postaux

poste (f)	**post (en)**	['pɔst]
courrier (m) (lettres, etc.)	**post (en)**	['pɔst]
facteur (m)	**brevbärare (en)**	['brevˌbæːrarə]
heures (f pl) d'ouverture	**öppettider** (pl)	['øpetˌtiːdər]
lettre (f)	**brev (ett)**	['brev]
recommandé (m)	**rekommenderat brev (ett)**	[rekɔmən'derat brev]
carte (f) postale	**postkort (ett)**	['pɔstˌkɔːt]
télégramme (m)	**telegram (ett)**	[telʲe'gram]
colis (m)	**postpaket (ett)**	['pɔst paˌket]
mandat (m) postal	**pengaöverföring (en)**	['pɛŋaˌøvə'føːriŋ]
recevoir (vt)	**att ta emot**	[at ta ɛmoːt]
envoyer (vt)	**att skicka**	[at 'hika]
envoi (m)	**avsändning (en)**	['avˌsɛndniŋ]
adresse (f)	**adress (en)**	[a'drɛs]
code (m) postal	**postnummer (ett)**	['pɔstˌnumer]
expéditeur (m)	**avsändare (en)**	['avˌsɛndarə]
destinataire (m)	**mottagare (en)**	['mɔtˌtagarə]
prénom (m)	**förnamn (ett)**	['fœːˌɳamn]
nom (m) de famille	**efternamn (ett)**	['ɛftəˌɳamn]
tarif (m)	**tariff (en)**	[ta'rif]
normal (adj)	**vanlig**	['vanlig]
économique (adj)	**ekonomisk**	[ɛkʊ'nɔmisk]
poids (m)	**vikt (en)**	['vikt]
peser (~ les lettres)	**att väga**	[at 'vɛːga]
enveloppe (f)	**kuvert (ett)**	[kʉ'væːr]

| timbre (m) | frimärke (ett) | ['fri͵mærkə] |
| timbrer (vt) | att sätta på frimärke | [at 'sæta pɔ 'fri͵mærkə] |

43. Les opérations bancaires

banque (f)	bank (en)	['baŋk]
agence (f) bancaire	avdelning (en)	[av'dɛlʲniŋ]
conseiller (m)	konsulent (en)	[kɔnsu'lʲɛnt]
gérant (m)	föreståndare (en)	[førə'stɔndarə]
compte (m)	bankkonto (ett)	['baŋk͵kɔntʊ]
numéro (m) du compte	kontonummer (ett)	['kɔntʊ͵numər]
compte (m) courant	checkkonto (ett)	['ɕɛk͵kɔntʊ]
compte (m) sur livret	sparkonto (ett)	['spar͵kɔntʊ]
ouvrir un compte	att öppna ett konto	[at 'øpna ɛt 'kɔntʊ]
clôturer le compte	att avsluta kontot	[at 'av͵slʉːta 'kɔntʊt]
verser dans le compte	att sätta in på kontot	[at 'sæta in pɔ 'kɔntʊt]
retirer du compte	att ta ut från kontot	[at ta ʉt frɔn 'kɔntʊt]
dépôt (m)	insats (en)	['in͵sats]
faire un dépôt	att sätta in	[at 'sæta in]
virement (m) bancaire	överföring (en)	['øːvə͵føːriŋ]
faire un transfert	att överföra	[at øːvə͵føra]
somme (f)	summa (en)	['suma]
Combien?	Hur mycket?	[hʉr 'mʏkə]
signature (f)	signatur, underskrift (en)	[signaˈtʉːr], ['undə͵skrift]
signer (vt)	att underteckna	[at 'undə͵tɛkna]
carte (f) de crédit	kreditkort (ett)	[kre'dit͵kɔːt]
code (m)	kod (en)	['kɔd]
numéro (m) de carte de crédit	kreditkortsnummer (ett)	[kre'dit͵kɔːts 'numər]
distributeur (m)	bankomat (en)	[baŋkʊ'mat]
chèque (m)	check (en)	['ɕɛk]
faire un chèque	att skriva en check	[at 'skriva en 'ɕɛk]
chéquier (m)	checkbok (en)	['ɕɛk͵bʊk]
crédit (m)	lån (ett)	['lʲoːn]
demander un crédit	att ansöka om lån	[at 'an͵søːka ɔm 'lʲoːn]
prendre un crédit	att få ett lån	[at foː et 'lʲoːn]
accorder un crédit	att ge ett lån	[at jeː et 'lʲoːn]
gage (m)	garanti (en)	[garan'tiː]

44. Le téléphone. La conversation téléphonique

téléphone (m)	telefon (en)	[telʲeˈfɔn]
portable (m)	mobiltelefon (en)	[mɔˈbilʲ telʲeˈfɔn]
répondeur (m)	telefonsvarare (en)	[telʲeˈfɔnˌsvararə]
téléphoner, appeler	att ringa	[at ˈriŋa]
appel (m)	telefonsamtal (en)	[telʲeˈfɔnˌsamtalʲ]
composer le numéro	att slå nummer	[at ˈslʲoː ˈnumər]
Allô!	Hallå!	[haˈlʲoː]
demander (~ l'heure)	att fråga	[at ˈfroːga]
répondre (vi, vt)	att svara	[at ˈsvara]
entendre (bruit, etc.)	att höra	[at ˈhøːra]
bien (adv)	gott, bra	[ˈgɔt], [ˈbra]
mal (adv)	dåligt	[ˈdoːlit]
bruits (m pl)	bruser, störningar (pl)	[ˈbruːsər], [ˈstøːɳiŋar]
récepteur (m)	telefonlur (en)	[telʲeˈfɔnˌlʉːr]
décrocher (vt)	att lyfta telefonluren	[at ˈlʲyfta telʲeˈfɔn ˈlʉːrən]
raccrocher (vi)	att lägga på	[at ˈlʲɛga pɔ]
occupé (adj)	upptagen	[ˈupˌtagən]
sonner (vi)	att ringa	[at ˈriŋa]
carnet (m) de téléphone	telefonkatalog (en)	[telʲeˈfɔn kataˈlʲɔg]
local (adj)	lokal-	[lʲoˈkalʲ-]
appel (m) local	lokalsamtal (ett)	[lʲoˈkalʲˌsamtalʲ]
interurbain (adj)	riks-	[ˈriks-]
appel (m) interurbain	rikssamtal (ett)	[ˈriksˌsamtalʲ]
international (adj)	internationell	[ˈintɛːɳatʃʊˌnɛlʲ]
appel (m) international	internationell samtal (ett)	[ˈintɛːɳatʃʊˌnɛlʲ ˈsamtalʲ]

45. Le téléphone portable

portable (m)	mobiltelefon (en)	[mɔˈbilʲ telʲeˈfɔn]
écran (m)	skärm (en)	[ˈɧæːrm]
bouton (m)	knapp (en)	[ˈknap]
carte SIM (f)	SIM-kort (ett)	[ˈsimˌkɔːt]
pile (f)	batteri (ett)	[batɛˈriː]
être déchargé	att bli urladdad	[at bli ˈʉːˌlʲadad]
chargeur (m)	laddare (en)	[ˈlʲadarə]
menu (m)	meny (en)	[meˈny]
réglages (m pl)	inställningar (pl)	[ˈinˌstɛlʲniŋar]
mélodie (f)	melodi (en)	[melʲoˈdiː]
sélectionner (vt)	att välja	[at ˈvɛljʲa]

calculatrice (f)	kalkylator (en)	[kalʲky'lʲatʊr]
répondeur (m)	telefonsvarare (en)	[telʲe'fɔn‚svararə]
réveil (m)	väckarklocka, alarm (en)	['vɛkar‚klʲɔka], [a'lʲarm]
contacts (m pl)	kontakter (pl)	[kɔn'takter]
SMS (m)	SMS meddelande (ett)	[ɛsɛ'mɛs me'delʲandə]
abonné (m)	abonnent (en)	[abɔ'nɛnt]

46. La papeterie

stylo (m) à bille	kulspetspenna (en)	['kʉlʲspets‚pɛna]
stylo (m) à plume	reservoarpenna (en)	[resɛrvʊ'ar‚pɛna]
crayon (m)	blyertspenna (en)	['blʲyɛ:ts‚pɛna]
marqueur (m)	märkpenna (en)	['mœrk‚pɛna]
feutre (m)	tuschpenna (en)	['tu:ʃ‚pɛna]
bloc-notes (m)	block (ett)	['blʲɔk]
agenda (m)	dagbok (en)	['dag‚bʊk]
règle (f)	linjal (en)	[li'njalʲ]
calculatrice (f)	kalkylator (en)	[kalʲky'lʲatʊr]
gomme (f)	suddgummi (ett)	['sud‚gumi]
punaise (f)	häftstift (ett)	['hɛft‚stift]
trombone (m)	gem (ett)	['gem]
colle (f)	lim (ett)	['lim]
agrafeuse (f)	häftapparat (en)	['hɛft apa‚rat]
perforateur (m)	hålslag (ett)	['ho:lʲ‚slʲag]
taille-crayon (m)	pennvässare (en)	['pɛn‚vɛsarə]

47. Les langues étrangères

langue (f)	språk (ett)	['spro:k]
étranger (adj)	främmande	['frɛmandə]
langue (f) étrangère	främmande språk (ett)	['frɛmandə spro:k]
étudier (vt)	att studera	[at stu'dera]
apprendre (~ l'arabe)	att lära sig	[at 'lʲæ:ra sɛj]
lire (vi, vt)	att läsa	[at 'lʲɛ:sa]
parler (vi, vt)	att tala	[at 'talʲa]
comprendre (vt)	att förstå	[at fœ:'ʂto:]
écrire (vt)	att skriva	[at 'skriva]
vite (adv)	snabbt	['snabt]
lentement (adv)	långsamt	['lʲɔŋ‚samt]
couramment (adv)	flytande	['flʲytandə]
règles (f pl)	regler (pl)	['rɛglʲər]

grammaire (f)	grammatik (en)	[grama'tik]
vocabulaire (m)	ordförråd (ett)	['ʊːdfœːˌroːd]
phonétique (f)	fonetik (en)	[fɔne'tik]
manuel (m)	lärobok (en)	['lʲæːrʊˌbʊk]
dictionnaire (m)	ordbok (en)	['ʊːɖˌbʊk]
manuel (m) autodidacte	självinstruerande lärobok (en)	['ɧɛlʲv instrʉ'ɛrandə 'lʲæːrʊˌbʊk]
guide (m) de conversation	parlör (en)	[paːˈlʲøːr]
cassette (f)	kassett (en)	[ka'sɛt]
cassette (f) vidéo	videokassett (en)	['videʊ ka'sɛt]
CD (m)	cd-skiva (en)	['sede ˌɧiva]
DVD (m)	dvd (en)	[deve'deː]
alphabet (m)	alfabet (ett)	['alʲfabet]
épeler (vt)	att stava	[at 'stava]
prononciation (f)	uttal (ett)	['ʉtˌtalʲ]
accent (m)	brytning (en)	['brʏtniŋ]
avec un accent	med brytning	[me 'brʏtniŋ]
sans accent	utan brytning	['ʉtan 'brʏtniŋ]
mot (m)	ord (ett)	['ʊːɖ]
sens (m)	betydelse (en)	[be'tydəlʲsə]
cours (m pl)	kurs (en)	['kuːʂ]
s'inscrire (vp)	att anmäla sig	[at 'anˌmɛːlʲa sɛj]
professeur (m) (~ d'anglais)	lärare (en)	['lʲæːrarə]
traduction (f) (action)	översättning (en)	['øːvəˌsætniŋ]
traduction (f) (texte)	översättning (en)	['øːvəˌsætniŋ]
traducteur (m)	översättare (en)	['øːvəˌsætarə]
interprète (m)	tolk (en)	['tɔlʲk]
polyglotte (m)	polyglott (en)	[pʊlʏ'glʲɔt]
mémoire (f)	minne (ett)	['minə]

LES REPAS.
LE RESTAURANT

T&P Books Publishing

48. Le dressage de la table

cuillère (f)	sked (en)	['ʃed]
couteau (m)	kniv (en)	['kniv]
fourchette (f)	gaffel (en)	['gafəlʲ]
tasse (f)	kopp (en)	['kop]
assiette (f)	tallrik (en)	['talʲrik]
soucoupe (f)	tefat (ett)	['te‚fat]
serviette (f)	servett (en)	[sɛr'vɛt]
cure-dent (m)	tandpetare (en)	['tand‚petarə]

49. Le restaurant

restaurant (m)	restaurang (en)	[rɛstɔ'raŋ]
salon (m) de café	kafé (ett)	[ka'fe:]
bar (m)	bar (en)	['bar]
salon (m) de thé	tehus (ett)	['te:‚hʉs]
serveur (m)	servitör (en)	[sɛrvi'tø:r]
serveuse (f)	servitris (en)	[sɛrvi'tris]
barman (m)	bartender (en)	['ba:‚ʈɛndər]
carte (f)	meny (en)	[me'ny]
carte (f) des vins	vinlista (en)	['vinˌlista]
réserver une table	att reservera bord	[at resɛr'vera bʉ:d]
plat (m)	rätt (en)	['ræt]
commander (vt)	att beställa	[at be'stɛlʲa]
faire la commande	att beställa	[at be'stɛlʲa]
apéritif (m)	aperitif (en)	[aperi'tif]
hors-d'œuvre (m)	förrätt (en)	['fœ:ræt]
dessert (m)	dessert (en)	[dɛ'sɛ:r]
addition (f)	nota (en)	['nʊta]
régler l'addition	att betala notan	[at be'talʲa 'nʊtan]
rendre la monnaie	att ge tillbaka växel	[at je: tilʲ'baka 'vɛksəlʲ]
pourboire (m)	dricks (en)	['driks]

50. Les repas

nourriture (f)	mat (en)	['mat]
manger (vi, vt)	att äta	[at 'ɛ:ta]

petit déjeuner (m)	**frukost (en)**	['frʉːkɔst]
prendre le petit déjeuner	**att äta frukost**	[at 'ɛːta 'frʉːkɔst]
déjeuner (m)	**lunch (en)**	['lʉnɕ]
déjeuner (vi)	**att äta lunch**	[at 'ɛːta ˌlʉnɕ]
dîner (m)	**kvällsmat (en)**	['kvɛlˑsˌmat]
dîner (vi)	**att äta kvällsmat**	[at 'ɛːta 'kvɛlˑsˌmat]
appétit (m)	**aptit (en)**	['aptit]
Bon appétit!	**Smaklig måltid!**	['smaklig 'moːlˑtid]
ouvrir (vt)	**att öppna**	[at 'øpna]
renverser (liquide)	**att spilla**	[at 'spilˑa]
se renverser (liquide)	**att spillas ut**	[at 'spilˑas ʉt]
bouillir (vi)	**att koka**	[at 'kʊka]
faire bouillir	**att koka**	[at 'kʊka]
bouilli (l'eau ~e)	**kokt**	['kʊkt]
refroidir (vt)	**att avkyla**	[at 'avˌɕylˑa]
se refroidir (vp)	**att avkylas**	[at 'avˌɕylˑas]
goût (m)	**smak (en)**	['smak]
arrière-goût (m)	**bismak (en)**	['bismak]
suivre un régime	**att vara på diet**	[at 'vara pɔ di'et]
régime (m)	**diet (en)**	[di'et]
vitamine (f)	**vitamin (ett)**	[vita'min]
calorie (f)	**kalori (en)**	[kalˈɔˈriː]
végétarien (m)	**vegetarian (en)**	[vegetiri'an]
végétarien (adj)	**vegetarisk**	[vege'tarisk]
lipides (m pl)	**fett (ett)**	['fɛt]
protéines (f pl)	**proteiner (pl)**	[prɔte'iːnər]
glucides (m pl)	**kolhydrater (pl)**	['kɔlˑhyˌdratər]
tranche (f)	**skiva (en)**	['ʂiva]
morceau (m)	**bit (en)**	['bit]
miette (f)	**smula (en)**	['smʉlˑa]

51. Les plats cuisinés

plat (m)	**rätt (en)**	['ræt]
cuisine (f)	**kök (ett)**	['ɕøːk]
recette (f)	**recept (ett)**	[re'sɛpt]
portion (f)	**portion (en)**	[pɔːˈʈʂʉn]
salade (f)	**sallad (en)**	['salˑad]
soupe (f)	**soppa (en)**	['sɔpa]
bouillon (m)	**buljong (en)**	[bu'ljɔŋ]
sandwich (m)	**smörgås (en)**	['smœrˌgoːs]
les œufs brouillés	**stekt ägg (en)**	['stɛkt ˌɛg]

| hamburger (m) | hamburgare (en) | ['hamburgarə] |
| steak (m) | biffstek (en) | ['bif͵stɛk] |

garniture (f)	tillbehör (ett)	['tilʲbe͵hør]
spaghettis (m pl)	spagetti	[spa'gɛti]
purée (f)	potatismos (ett)	[pʊ'tatis͵mʊs]
pizza (f)	pizza (en)	['pitsa]
bouillie (f)	gröt (en)	['grøːt]
omelette (f)	omelett (en)	[ɔmə'lʲet]

cuit à l'eau (adj)	kokt	['kʊkt]
fumé (adj)	rökt	['rœkt]
frit (adj)	stekt	['stɛkt]
sec (adj)	torkad	['tɔrkad]
congelé (adj)	fryst	['frʏst]
mariné (adj)	sylt-	['sylʲt-]

sucré (adj)	söt	['søːt]
salé (adj)	salt	['salʲt]
froid (adj)	kall	['kalʲ]
chaud (adj)	het, varm	['het], ['varm]
amer (adj)	bitter	['bitər]
bon (savoureux)	läcker	['lʲɛkər]

cuire à l'eau	att koka	[at 'kʊka]
préparer (le dîner)	att laga	[at 'lʲaga]
faire frire	att steka	[at 'steka]
réchauffer (vt)	att värma upp	[at 'væːrma up]

saler (vt)	att salta	[at 'salʲta]
poivrer (vt)	att peppra	[at 'pepra]
râper (vt)	att riva	[at 'riva]
peau (f)	skal (ett)	['skalʲ]
éplucher (vt)	att skala	[at 'skalʲa]

52. Les aliments

viande (f)	kött (ett)	['ɕœt]
poulet (m)	höna (en)	['høːna]
poulet (m) (poussin)	kyckling (en)	['ɕyklin]
canard (m)	anka (en)	['aŋka]
oie (f)	gås (en)	['goːs]
gibier (m)	vilt (ett)	['vilʲt]
dinde (f)	kalkon (en)	[kalʲˈkʊn]

du porc	fläsk (ett)	['flʲɛsk]
du veau	kalvkött (en)	['kalʲv͵ɕœt]
du mouton	lammkött (ett)	['lʲam͵ɕœt]
du bœuf	oxkött, nötkött (ett)	['ʊks͵ɕœt], ['nøːt͵ɕœt]
lapin (m)	kanin (en)	[ka'nin]

saucisson (m)	**korv (en)**	['kɔrv]
saucisse (f)	**wienerkorv (en)**	['viɳɛrˌkɔrv]
bacon (m)	**bacon (ett)**	['bɛjkɔn]
jambon (m)	**skinka (en)**	['ɧiɳka]
cuisse (f)	**skinka (en)**	['ɧiɳka]
pâté (m)	**paté (en)**	[pa'te]
foie (m)	**lever (en)**	['lʲevər]
farce (f)	**köttfärs (en)**	['ɕœtˌfæːʂ]
langue (f)	**tunga (en)**	['tuɳa]
œuf (m)	**ägg (ett)**	['ɛg]
les œufs	**ägg (pl)**	['ɛg]
blanc (m) d'œuf	**äggvita (en)**	['ɛgˌviːta]
jaune (m) d'œuf	**äggula (en)**	['ɛgˌʉːlʲa]
poisson (m)	**fisk (en)**	['fisk]
fruits (m pl) de mer	**fisk och skaldjur**	['fisk ɔ 'skalʲˌjʉːr]
crustacés (m pl)	**kräftdjur (pl)**	['krɛftˌjuːr]
caviar (m)	**kaviar (en)**	['kavˌjar]
crabe (m)	**krabba (en)**	['kraba]
crevette (f)	**räka (en)**	['rɛːka]
huître (f)	**ostron (ett)**	['ʊstrʊn]
langoustine (f)	**languster (en)**	[lʲaɳ'gustər]
poulpe (m)	**bläckfisk (en)**	['blʲɛkˌfisk]
calamar (m)	**bläckfisk (en)**	['blʲɛkˌfisk]
esturgeon (m)	**stör (en)**	['støːr]
saumon (m)	**lax (en)**	['lʲaks]
flétan (m)	**hälleflundra (en)**	['hɛlʲeˌflʊndra]
morue (f)	**torsk (en)**	['tɔːʂk]
maquereau (m)	**makrill (en)**	['makrilʲ]
thon (m)	**tonfisk (en)**	['tʊnˌfisk]
anguille (f)	**ål (en)**	['oːlʲ]
truite (f)	**öring (en)**	['øːriɳ]
sardine (f)	**sardin (en)**	[sa:'ɖiːn]
brochet (m)	**gädda (en)**	['jɛda]
hareng (m)	**sill (en)**	['silʲ]
pain (m)	**bröd (ett)**	['brøːd]
fromage (m)	**ost (en)**	['ʊst]
sucre (m)	**socker (ett)**	['sɔkər]
sel (m)	**salt (ett)**	['salʲt]
riz (m)	**ris (ett)**	['ris]
pâtes (m pl)	**pasta (en),**	['pasta],
	makaroner (pl)	[maka'rʊnər]
nouilles (f pl)	**nudlar (pl)**	['nʉːdlʲar]
beurre (m)	**smör (ett)**	['smœːr]

huile (f) végétale	vegetabilisk olja (en)	[vegeta'bilisk 'ɔlja]
huile (f) de tournesol	solrosolja (en)	['sʊlˌrʊsˌɔlja]
margarine (f)	margarin (ett)	[marga'rin]

| olives (f pl) | oliver (pl) | [ʊ:'livər] |
| huile (f) d'olive | olivolja (en) | [ʊ'livˌɔlja] |

lait (m)	mjölk (en)	['mjœlʲk]
lait (m) condensé	kondenserad mjölk (en)	[kɔndɛn'serad ˌmjœlʲk]
yogourt (m)	yoghurt (en)	['joːgʉːt]
crème (f) aigre	gräddfil,	['grɛdfilʲ],
	syrad grädden (en)	[syrad 'gredən]
crème (f) (de lait)	grädde (en)	['grɛdə]

| sauce (f) mayonnaise | majonnäs (en) | [majɔ'nɛs] |
| crème (f) au beurre | kräm (en) | ['krɛm] |

gruau (m)	gryn (en)	['gryn]
farine (f)	mjöl (ett)	['mjøːlʲ]
conserves (f pl)	konserv (en)	[kɔn'sɛrv]

pétales (m pl) de maïs	cornflakes (pl)	['koːɳˌflɛjks]
miel (m)	honung (en)	['hɔnuŋ]
confiture (f)	sylt, marmelad (en)	['sylʲt], [marme'lʲad]
gomme (f) à mâcher	tuggummi (ett)	['tugˌgumi]

53. Les boissons

eau (f)	vatten (ett)	['vatən]
eau (f) potable	dricksvatten (ett)	['driksˌvatən]
eau (f) minérale	mineralvatten (ett)	[mine'ralʲˌvatən]

plate (adj)	icke kolsyrat	['ikə 'kɔlʲˌsyrat]
gazeuse (l'eau ~)	kolsyrat	['kɔlʲˌsyrat]
pétillante (adj)	kolsyrat	['kɔlʲˌsyrat]
glace (f)	is (en)	['is]
avec de la glace	med is	[me 'is]

sans alcool	alkoholfri	[alʲkʊ'hɔlʲˌfri:]
boisson (f) non alcoolisée	alkoholfri dryck (en)	[alʲkʊ'hɔlʲfri 'drʏk]
rafraîchissement (m)	läskedryck (en)	['lɛskəˌdrik]
limonade (f)	lemonad (en)	[lʲemɔ'nad]

boissons (f pl) alcoolisées	alkoholhaltiga drycker (pl)	[alʲkʊ'hɔlʲˌhalʲtiga 'drʏkər]
vin (m)	vin (ett)	['vin]
vin (m) blanc	vitvin (ett)	['vitˌvin]
vin (m) rouge	rödvin (ett)	['røːdˌvin]
liqueur (f)	likör (en)	[li'køːr]
champagne (m)	champagne (en)	[ɧam'panʲ]

vermouth (m)	vermouth (en)	['vɛrmut]
whisky (m)	whisky (en)	['viski]
vodka (f)	vodka (en)	['vodka]
gin (m)	gin (ett)	['dʒin]
cognac (m)	konjak (en)	['kɔnʲak]
rhum (m)	rom (en)	['rɔm]
café (m)	kaffe (ett)	['kafə]
café (m) noir	svart kaffe (ett)	['sva:t 'kafə]
café (m) au lait	kaffe med mjölk (ett)	['kafə me mjœlʲk]
cappuccino (m)	cappuccino (en)	['kaputʃinʊ]
café (m) soluble	snabbkaffe (ett)	['snab,kafə]
lait (m)	mjölk (en)	['mjœlʲk]
cocktail (m)	cocktail (en)	['kɔktɛjlʲ]
cocktail (m) au lait	milkshake (en)	['milʲkʃɛjk]
jus (m)	juice (en)	['ju:s]
jus (m) de tomate	tomatjuice (en)	[tʊ'matju:s]
jus (m) d'orange	apelsinjuice (en)	[apɛlʲ'sinju:s]
jus (m) pressé	nypressad juice (en)	['nʏˌprɛsad 'ju:s]
bière (f)	öl (ett)	['ø:lʲ]
bière (f) blonde	ljust öl (ett)	['jɯ:stˌø:lʲ]
bière (f) brune	mörkt öl (ett)	['mœ:rkt ˌø:lʲ]
thé (m)	te (ett)	['te:]
thé (m) noir	svart te (ett)	['sva:t ˌte:]
thé (m) vert	grönt te (ett)	['grœnt te:]

54. Les légumes

légumes (m pl)	grönsaker (pl)	['grø:nˌsakər]
verdure (f)	grönsaker (pl)	['grø:nˌsakər]
tomate (f)	tomat (en)	[tʊ'mat]
concombre (m)	gurka (en)	['gurka]
carotte (f)	morot (en)	['mʊˌrʊt]
pomme (f) de terre	potatis (en)	[pʊ'tatis]
oignon (m)	lök (en)	['lʲø:k]
ail (m)	vitlök (en)	['vitˌlʲø:k]
chou (m)	kål (en)	['ko:lʲ]
chou-fleur (m)	blomkål (en)	['blʲʊmˌko:lʲ]
chou (m) de Bruxelles	brysselkål (en)	['brʏsɛlʲˌko:lʲ]
brocoli (m)	broccoli (en)	['brɔkɔli]
betterave (f)	rödbeta (en)	['rø:dˌbeta]
aubergine (f)	aubergine (en)	[ɔbɛr'ʒin]
courgette (f)	squash, zucchini (en)	['skvɔːɕ], [su'kini]

| potiron (m) | pumpa (en) | ['pumpa] |
| navet (m) | rova (en) | ['rʊva] |

persil (m)	persilja (en)	[pɛ'ʂilja]
fenouil (m)	dill (en)	['dilʲ]
laitue (f) (salade)	sallad (en)	['salʲad]
céleri (m)	selleri (en)	['sɛlʲeri]
asperge (f)	sparris (en)	['sparis]
épinard (m)	spenat (en)	[spe'nat]

pois (m)	ärter (pl)	['æːtər]
fèves (f pl)	bönor (pl)	['bønʊr]
maïs (m)	majs (en)	['majs]
haricot (m)	böna (en)	['bøna]

poivron (m)	peppar (en)	['pɛpar]
radis (m)	rädisa (en)	['rɛːdisa]
artichaut (m)	kronärtskocka (en)	['krʊnæːtˌskɔka]

55. Les fruits. Les noix

fruit (m)	frukt (en)	['frʉkt]
pomme (f)	äpple (ett)	['ɛplʲe]
poire (f)	päron (ett)	['pæːrɔn]
citron (m)	citron (en)	[si'trʊn]
orange (f)	apelsin (en)	[apɛlʲ'sin]
fraise (f)	jordgubbe (en)	['jʊːdˌgubə]

mandarine (f)	mandarin (en)	[manda'rin]
prune (f)	plommon (ett)	['plʲʊmɔn]
pêche (f)	persika (en)	['pɛʂika]
abricot (m)	aprikos (en)	[apri'kʊs]
framboise (f)	hallon (ett)	['halʲɔn]
ananas (m)	ananas (en)	['ananas]

banane (f)	banan (en)	['banan]
pastèque (f)	vattenmelon (en)	['vatənˌme'lʲʊn]
raisin (m)	druva (en)	['drʉːva]
cerise (f)	körsbär (ett)	['ɕøːʂˌbæːr]
merise (f)	fågelbär (ett)	['foːgəlʲˌbæːr]
melon (m)	melon (en)	[me'lʲʊn]

pamplemousse (m)	grapefrukt (en)	['grɛjpˌfrʉkt]
avocat (m)	avokado (en)	[avɔ'kadʊ]
papaye (f)	papaya (en)	[pa'paja]
mangue (f)	mango (en)	['maŋgʊ]
grenade (f)	granatäpple (en)	[gra'natˌɛplʲe]

| groseille (f) rouge | röda vinbär (ett) | ['røːda 'vinbæːr] |
| cassis (m) | svarta vinbär (ett) | ['svaːʈa 'vinbæːr] |

groseille (f) verte	krusbär (ett)	['krʉːsˌbæːr]
myrtille (f)	blåbär (ett)	['blˡoːˌbæːr]
mûre (f)	björnbär (ett)	['bjøːɳˌbæːr]
raisin (m) sec	russin (ett)	['rusin]
figue (f)	fikon (ett)	['fikɔn]
datte (f)	dadel (en)	['dadəlˡ]
cacahuète (f)	jordnöt (en)	['juːɖˌnøːt]
amande (f)	mandel (en)	['mandəlˡ]
noix (f)	valnöt (en)	['valˡˌnøːt]
noisette (f)	hasselnöt (en)	['hasəlˡˌnøːt]
noix (f) de coco	kokosnöt (en)	['kukʉsˌnøːt]
pistaches (f pl)	pistaschnötter (pl)	['pistaʃˌnœtər]

56. Le pain. Les confiseries

confiserie (f)	konditorivaror (pl)	[kɔnditʉ'riːˌvarʊr]
pain (m)	bröd (ett)	['brøːd]
biscuit (m)	småkakor (pl)	['smoːkakʊr]
chocolat (m)	choklad (en)	[ʃɔk'lˡad]
en chocolat (adj)	choklad-	[ʃɔk'lˡad-]
bonbon (m)	konfekt, karamell (en)	[kɔn'fɛkt], [kara'mɛlˡ]
gâteau (m), pâtisserie (f)	kaka, bakelse (en)	['kaka], ['bakəlˡsə]
tarte (f)	tårta (en)	['toːʈa]
gâteau (m)	paj (en)	['paj]
garniture (f)	fyllning (en)	['fylˡniŋ]
confiture (f)	sylt (en)	['sylˡt]
marmelade (f)	marmelad (en)	[marme'lˡad]
gaufre (f)	våffle (en)	['vɔflˡe]
glace (f)	glass (en)	['glˡas]
pudding (m)	pudding (en)	[ˡ'pudɪŋ]

57. Les épices

sel (m)	salt (ett)	['salˡt]
salé (adj)	salt	['salˡt]
saler (vt)	att salta	[at 'salˡta]
poivre (m) noir	svartpeppar (en)	['svaːʈˌpɛpar]
poivre (m) rouge	rödpeppar (en)	['røːdˌpɛpar]
moutarde (f)	senap (en)	['seːnap]
raifort (m)	pepparrot (en)	['pɛpaˌrʊt]
condiment (m)	krydda (en)	['krʏda]
épice (f)	krydda (en)	['krʏda]

sauce (f)	**sås (en)**	['so:s]
vinaigre (m)	**ättika (en)**	['ætika]
anis (m)	**anis (en)**	['anis]
basilic (m)	**basilika (en)**	[ba'silika]
clou (m) de girofle	**nejlika (en)**	['nɛjlika]
gingembre (m)	**ingefära (en)**	['iŋəˌfæ:ra]
coriandre (m)	**koriander (en)**	[kɔri'andər]
cannelle (f)	**kanel (en)**	[ka'nelʲ]
sésame (m)	**sesam (en)**	['sesam]
feuille (f) de laurier	**lagerblad (ett)**	['lʲagərˌblʲad]
paprika (m)	**paprika (en)**	['paprika]
cumin (m)	**kummin (en)**	['kumin]
safran (m)	**saffran (en)**	['safran]

LES DONNÉES PERSONNELLES. LA FAMILLE

T&P Books Publishing

58. Les données personnelles. Les formulaires

prénom (m)	namn (ett)	['namn]
nom (m) de famille	efternamn (ett)	['ɛftə‚namn]
date (f) de naissance	födelsedatum (ett)	['føːdəlˢsə‚datum]
lieu (m) de naissance	födelseort (en)	['føːdəlˢsə‚ɔːt]
nationalité (f)	nationalitet (en)	[natʃunali'tet]
domicile (m)	bostadsort (en)	['bostads‚ɔːt]
pays (m)	land (ett)	['lˢand]
profession (f)	yrke (ett),	['yrkə],
	profession (en)	[prɔfe'ʃun]
sexe (m)	kön (ett)	['çøːn]
taille (f)	höjd (en)	['hœjd]
poids (m)	vikt (en)	['vikt]

59. La famille. Les liens de parenté

mère (f)	mor (en)	['mur]
père (m)	far (en)	['far]
fils (m)	son (en)	['sɔn]
fille (f)	dotter (en)	['dɔtər]
fille (f) cadette	yngsta dotter (en)	['yŋsta 'dɔtər]
fils (m) cadet	yngste son (en)	['yŋstə sɔn]
fille (f) aînée	äldsta dotter (en)	['ɛlˢsta 'dɔtər]
fils (m) aîné	äldste son (en)	['ɛlˢstə 'sɔn]
frère (m)	bror (en)	['brur]
frère (m) aîné	storebror (en)	['sturə‚brur]
frère (m) cadet	lillebror (en)	['lilˢe‚brur]
sœur (f)	syster (en)	['sʏstər]
sœur (f) aînée	storasyster (en)	['stura‚sʏstər]
sœur (f) cadette	lillasyster (en)	['lilˢa‚sʏstər]
cousin (m)	kusin (en)	[kʉ'siːn]
cousine (f)	kusin (en)	[kʉ'siːn]
maman (f)	mamma (en)	['mama]
papa (m)	pappa (en)	['papa]
parents (m pl)	föräldrar (pl)	[før'ɛlˢdrar]
enfant (m, f)	barn (ett)	['baːɳ]
enfants (pl)	barn (pl)	['baːɳ]
grand-mère (f)	mormor, farmor (en)	['murmur], ['farmur]

grand-père (m)	**morfar, farfar (en)**	['mʊrfar], ['farfar]
petit-fils (m)	**barnbarn (ett)**	['baːɳˌbaːɳ]
petite-fille (f)	**barnbarn (ett)**	['baːɳˌbaːɳ]
petits-enfants (pl)	**barnbarn** (pl)	['baːɳˌbaːɳ]
oncle (m)	**farbror, morbror (en)**	['farˌbrʊr], ['mʊrˌbrʊr]
tante (f)	**faster, moster (en)**	['fastər], ['mʊstər]
neveu (m)	**brorson, systerson (en)**	['brʊrˌsɔn], ['sʏstəˌsɔn]
nièce (f)	**brorsdotter, systerdotter (en)**	['brʊːʂˌdɔtər], ['sʏstəˌdɔtər]
belle-mère (f)	**svärmor (en)**	['svæːrˌmʊr]
beau-père (m)	**svärfar (en)**	['svæːrˌfar]
gendre (m)	**svärson (en)**	['svæːˌsɔn]
belle-mère (f)	**styvmor (en)**	['stʏvˌmʊr]
beau-père (m)	**styvfar (en)**	['stʏvˌfar]
nourrisson (m)	**spädbarn (ett)**	['spɛːdˌbaːɳ]
bébé (m)	**spädbarn (ett)**	['spɛːdˌbaːɳ]
petit (m)	**baby, bäbis (en)**	['bɛːbi], ['bɛːbis]
femme (f)	**hustru (en)**	['hʉstrʉ]
mari (m)	**man (en)**	['man]
époux (m)	**make, äkta make (en)**	['makə], ['ɛkta ˌmakə]
épouse (f)	**hustru (en)**	['hʉstrʉ]
marié (adj)	**gift**	['jift]
mariée (adj)	**gift**	['jift]
célibataire (adj)	**ogift**	[ʊːˈjift]
célibataire (m)	**ungkarl (en)**	['ʊŋˌkar]
divorcé (adj)	**frånskild**	['froːnˌɧilʲd]
veuve (f)	**änka (en)**	['ɛŋka]
veuf (m)	**änkling (en)**	['ɛŋkliŋ]
parent (m)	**släkting (en)**	['slʲɛktiŋ]
parent (m) proche	**nära släkting (en)**	['næːra 'slʲɛktiŋ]
parent (m) éloigné	**fjärran släkting (en)**	['fjæːran 'slʲɛktiŋ]
parents (m pl)	**släktingar** (pl)	['slʲɛktiŋar]
orphelin (m), orpheline (f)	**föräldralöst barn (ett)**	[føːrˈɛlʲdralʲœst 'baːɳ]
tuteur (m)	**förmyndare (en)**	['føːrˌmʏndarə]
adopter (un garçon)	**att adoptera**	[at adɔp'tera]
adopter (une fille)	**att adoptera**	[at adɔp'tera]

60. Les amis. Les collègues

ami (m)	**vän (en)**	['vɛːn]
amie (f)	**väninna (en)**	[vɛ:'nina]
amitié (f)	**vänskap (en)**	['vɛnˌskap]
être ami	**att vara vänner**	[at 'vara 'vɛnor]

copain (m)	**vän (en)**	['vɛ:n]
copine (f)	**väninna (en)**	[vɛ:'nina]
partenaire (m)	**partner (en)**	['pa:ʈnər]
chef (m)	**chef (en)**	['ɧef]
supérieur (m)	**överordnad (en)**	['ø:vərˌɔ:ɖnat]
propriétaire (m)	**ägare (en)**	['ɛ:garə]
subordonné (m)	**underordnad (en)**	['undərˌɔ:ɖnat]
collègue (m, f)	**kollega (en)**	[kɔ'lʲe:ga]
connaissance (f)	**bekant (en)**	[be'kant]
compagnon (m) de route	**resekamrat (en)**	['resəˌkam'rat]
copain (m) de classe	**klasskamrat (en)**	['klʲasˌkam'rat]
voisin (m)	**granne (en)**	['granə]
voisine (f)	**granne (en)**	['granə]
voisins (m pl)	**grannar (pl)**	['granar]

LE CORPS HUMAIN.
LES MÉDICAMENTS

T&P Books Publishing

tête (f)	huvud (ett)	['hu:vʉd]
visage (m)	ansikte (ett)	['ansiktə]
nez (m)	näsa (en)	['nɛ:sa]
bouche (f)	mun (en)	['mu:n]
œil (m)	öga (ett)	['ø:ga]
les yeux	ögon (pl)	['ø:gɔn]
pupille (f)	pupill (en)	[pʉ'pilʲ]
sourcil (m)	ögonbryn (ett)	['ø:gɔn͵bryn]
cil (m)	ögonfrans (en)	['ø:gɔn͵frans]
paupière (f)	ögonlock (ett)	['ø:gɔn͵lʲɔk]
langue (f)	tunga (en)	['tuŋa]
dent (f)	tand (en)	['tand]
lèvres (f pl)	läppar (pl)	['lʲɛpar]
pommettes (f pl)	kindben (pl)	['çind͵be:n]
gencive (f)	tandkött (ett)	['tand͵çœt]
palais (m)	gom (en)	['gʉm]
narines (f pl)	näsborrar (pl)	['nɛ:s͵bɔrar]
menton (m)	haka (en)	['haka]
mâchoire (f)	käke (en)	['çɛ:kə]
joue (f)	kind (en)	['çind]
front (m)	panna (en)	['pana]
tempe (f)	tinning (en)	['tiniŋ]
oreille (f)	öra (ett)	['ø:ra]
nuque (f)	nacke (en)	['nakə]
cou (m)	hals (en)	['halʲs]
gorge (f)	strupe, hals (en)	['strʉpə], ['halʲs]
cheveux (m pl)	hår (pl)	['ho:r]
coiffure (f)	frisyr (en)	[fri'syr]
coupe (f)	klippning (en)	['klipniŋ]
perruque (f)	peruk (en)	[pe'rʉ:k]
moustache (f)	mustasch (en)	[mʉ'sta:ʃ]
barbe (f)	skägg (ett)	['ɧɛg]
porter (~ la barbe)	att ha	[at 'ha]
tresse (f)	fläta (en)	['flʲɛ:ta]
favoris (m pl)	polisonger (pl)	[poli'sɔŋər]
roux (adj)	rödhårig	['rø:d͵ho:rig]
gris, grisonnant (adj)	grå	['gro:]

| chauve (adj) | skallig | ['skalig] |
| calvitie (f) | flint (en) | ['flint] |

| queue (f) de cheval | hästsvans (en) | ['hɛstˌsvans] |
| frange (f) | lugg, pannlugg (en) | [lʉg], ['panˌlʉg] |

62. Le corps humain

| main (f) | hand (en) | ['hand] |
| bras (m) | arm (en) | ['arm] |

doigt (m)	finger (ett)	['fiŋər]
orteil (m)	tå (en)	['to:]
pouce (m)	tumme (en)	['tumə]
petit doigt (m)	lillfinger (ett)	['lilˌfiŋər]
ongle (m)	nagel (en)	['nagəlʲ]

poing (m)	knytnäve (en)	['knʏtˌnɛ:və]
paume (f)	handflata (en)	['handˌflʲata]
poignet (m)	handled (en)	['handˌlʲed]
avant-bras (m)	underarm (en)	['undərˌarm]
coude (m)	armbåge (en)	['armˌbo:gə]
épaule (f)	skuldra (en)	['skʉlʲdra]

jambe (f)	ben (ett)	['be:n]
pied (m)	fot (en)	['fʊt]
genou (m)	knä (ett)	['knɛ:]
mollet (m)	vad (ett)	['vad]

| hanche (f) | höft (en) | ['hœft] |
| talon (m) | häl (en) | ['hɛ:lʲ] |

corps (m)	kropp (en)	['krɔp]
ventre (m)	mage (en)	['magə]
poitrine (f)	bröst (ett)	['brœst]
sein (m)	bröst (ett)	['brœst]
côté (m)	sida (en)	['sida]
dos (m)	rygg (en)	['rʏg]

| reins (région lombaire) | ländrygg (en) | ['lʲɛndˌrʏg] |
| taille (f) (~ de guêpe) | midja (en) | ['midja] |

nombril (m)	navel (en)	['navəlʲ]
fesses (f pl)	stjärtar, skinkor (pl)	['ɧæ:ˌʈar], ['ɧiŋkʊr]
derrière (m)	bak (en)	['bak]

grain (m) de beauté	leverfläck (ett)	['lʲevərˌflɛk]
tache (f) de vin	födelsemärke (ett)	['fø:dəlʲsəˌmæ:rkə]
tatouage (m)	tatuering (en)	[tatu'eriŋ]
cicatrice (f)	ärr (ett)	['ær]

63. Les maladies

maladie (f)	sjukdom (en)	['ɧʉ:k,dʊm]
être malade	att vara sjuk	[at 'vara 'ɧʉ:k]
santé (f)	hälsa, sundhet (en)	['hɛlʲsa], ['sund,het]

rhume (m) (coryza)	snuva (en)	['snʉ:va]
angine (f)	halsfluss, angina (en)	['halʲs,flʉs], [aŋ'gina]
refroidissement (m)	förkylning (en)	[før'ɕylʲniŋ]
prendre froid	att bli förkyld	[at bli før'ɕylʲd]

bronchite (f)	bronkit (en)	[brɔŋ'kit]
pneumonie (f)	lunginflammation (en)	['lʉŋ,inflʲama'ɧʊn]
grippe (f)	influensa (en)	[inflʉ'ɛnsa]

myope (adj)	närsynt	['næ:ˌsʏnt]
presbyte (adj)	långsynt	['lʲɔŋˌsʏnt]
strabisme (m)	skelögdhet (en)	['ɧelʲøgd,het]
strabique (adj)	skelögd	['ɧelʲˌøgd]
cataracte (f)	grå starr (en)	['gro: 'star]
glaucome (m)	grön starr (en)	['grø:n 'star]

insulte (f)	stroke (en), hjärnslag (ett)	['stro:k], ['jæ:nˌslʲag]
crise (f) cardiaque	infarkt (en)	[in'farkt]
infarctus (m) de myocarde	hjärtinfarkt (en)	['jæ:ʈ in'farkt]
paralysie (f)	förlamning (en)	[fœ:'lʲamniŋ]
paralyser (vt)	att förlama	[at fœ:'lʲama]

allergie (f)	allergi (en)	[alʲer'gi]
asthme (m)	astma (en)	['astma]
diabète (m)	diabetes (en)	[dia'betəs]

mal (m) de dents	tandvärk (en)	['tand,væ:rk]
carie (f)	karies (en)	['karies]

diarrhée (f)	diarré (en)	[dia're:]
constipation (f)	förstoppning (en)	[fœ:'ʂtɔpniŋ]
estomac (m) barbouillé	magbesvär (ett)	['mag,be'svɛ:r]
intoxication (f) alimentaire	matförgiftning (en)	['mat,før'jiftniŋ]
être intoxiqué	att få matförgiftning	[at fo: 'mat,før'jiftniŋ]

arthrite (f)	artrit (en)	[a'trit]
rachitisme (m)	rakitis (en)	[ra'kitis]
rhumatisme (m)	reumatism (en)	[revma'tism]
athérosclérose (f)	åderförkalkning (en)	['o:dɛrfør,kalʲkniŋ]

gastrite (f)	gastrit (en)	[ga'strit]
appendicite (f)	appendicit (en)	[apɛndi'sit]
cholécystite (f)	cholecystit (en)	[holəsys'tit]
ulcère (m)	magsår (ett)	['mag,so:r]

rougeole (f)	**mässling (en)**	['mɛsˌliŋ]
rubéole (f)	**röda hund (en)**	['røːda 'hund]
jaunisse (f)	**gulsot (en)**	['gʉːlʲˌsʊt]
hépatite (f)	**hepatit (en)**	[hepa'tit]
schizophrénie (f)	**schizofreni (en)**	[skitsɔfre'niː]
rage (f) (hydrophobie)	**rabies (en)**	['rabies]
névrose (f)	**neuros (en)**	[nev'rɔs]
commotion (f) cérébrale	**hjärnskakning (en)**	['jæːnˌskakniŋ]
cancer (m)	**cancer (en)**	['kansər]
sclérose (f)	**skleros (en)**	[sklʲe'rɔs]
sclérose (f) en plaques	**multipel skleros (en)**	[mʉlʲ'tipelʲ sklʲe'rɔs]
alcoolisme (m)	**alkoholism (en)**	[alʲkʊhɔ'lizm]
alcoolique (m)	**alkoholist (en)**	[alʲkʊhɔ'list]
syphilis (f)	**syfilis (en)**	['syfilis]
SIDA (m)	**AIDS**	['ɛjds]
tumeur (f)	**tumör (en)**	[tʉ'møːr]
maligne (adj)	**elakartad**	['ɛlʲakˌaːʈad]
bénigne (adj)	**godartad**	['gʊdˌaːʈad]
fièvre (f)	**feber (en)**	['febər]
malaria (f)	**malaria (en)**	[ma'lʲaria]
gangrène (f)	**kallbrand (en)**	['kalʲˌbrand]
mal (m) de mer	**sjösjuka (en)**	['ɧøːˌɧʉːka]
épilepsie (f)	**epilepsi (en)**	[epilʲep'siː]
épidémie (f)	**epidemi (en)**	[ɛpide'miː]
typhus (m)	**tyfus (en)**	['tyfʉs]
tuberculose (f)	**tuberkulos (en)**	[tʉbɛrkʉ'lʲɔs]
choléra (m)	**kolera (en)**	['kʊlʲera]
peste (f)	**pest (en)**	['pɛst]

64. Les symptômes. Le traitement. Partie 1

symptôme (m)	**symptom (ett)**	[sʏmp'tɔm]
température (f)	**temperatur (en)**	[tɛmpəra'tʉːr]
fièvre (f)	**hög temperatur (en)**	['høːg tɛmpəra'tʉːr]
pouls (m)	**puls (en)**	['pulʲs]
vertige (m)	**yrsel, svindel (en)**	['yːʂəlʲ], ['svindəlʲ]
chaud (adj)	**varm**	['varm]
frisson (m)	**rysning (en)**	['rʏsniŋ]
pâle (adj)	**blek**	['blʲek]
toux (f)	**hosta (en)**	['hʊsta]
tousser (vi)	**att hosta**	[at 'hʊsta]
éternuer (vi)	**att nysa**	[at 'nysa]

évanouissement (m)	svimning (en)	['svimniŋ]
s'évanouir (vp)	att svimma	[at 'svima]
bleu (m)	blåmärke (ett)	['blʲoːˌmæːrkə]
bosse (f)	bula (en)	['bʉːlʲa]
se heurter (vp)	att slå sig	[at 'slʲoː sɛj]
meurtrissure (f)	blåmärke (ett)	['blʲoːˌmæːrkə]
se faire mal	att slå sig	[at 'slʲoː sɛj]
boiter (vi)	att halta	[at 'halʲta]
foulure (f)	vrickning (en)	['vrikniŋ]
se démettre (l'épaule, etc.)	att förvrida	[at før'vrida]
fracture (f)	brott (ett), fraktur (en)	['brɔt], [frak'tʉːr]
avoir une fracture	att få en fraktur	[at foː en frak'tʉːr]
coupure (f)	skärsår (ett)	['ʃæːˌsoːr]
se couper (~ le doigt)	att skära sig	[at 'ʃæːra sɛj]
hémorragie (f)	blödning (en)	['blʲœdniŋ]
brûlure (f)	brännsår (ett)	['brɛnˌsoːr]
se brûler (vp)	att bränna sig	[at 'brɛna sɛj]
se piquer (le doigt)	att sticka	[at 'stika]
se piquer (vp)	att sticka sig	[at 'stika sɛj]
blesser (vt)	att skada	[at 'skada]
blessure (f)	skada (en)	['skada]
plaie (f) (blessure)	sår (ett)	['soːr]
trauma (m)	trauma (en)	['travma]
délirer (vi)	att tala i feberyra	[at 'talʲa i 'febəryra]
bégayer (vi)	att stamma	[at 'stama]
insolation (f)	solsting (ett)	['sʊlʲˌstiŋ]

65. Les symptômes. Le traitement. Partie 2

douleur (f)	värk, smärta (en)	['væːrk], ['smɛʈa]
écharde (f)	sticka (en)	['stika]
sueur (f)	svett (en)	['svɛt]
suer (vi)	att svettas	[at 'svɛtas]
vomissement (m)	kräkning (en)	['krɛkniŋ]
spasmes (m pl)	kramper (pl)	['krampər]
enceinte (adj)	gravid	[gra'vid]
naître (vi)	att födas	[at 'føːdas]
accouchement (m)	förlossning (en)	[fœː'lʲɔsniŋ]
accoucher (vi)	att föda	[at 'føːda]
avortement (m)	abort (en)	[a'bɔːʈ]
respiration (f)	andning (en)	['andniŋ]
inhalation (f)	inandning (en)	['inˌandniŋ]

expiration (f)	utandning (en)	['ʉt‚andniŋ]
expirer (vi)	att andas ut	[at 'andas ʉt]
inspirer (vi)	att andas in	[at 'andas in]

invalide (m)	handikappad person (en)	['handi‚kapad pɛ'ʂʊn]
handicapé (m)	krympling (en)	['krʏmpliŋ]
drogué (m)	narkoman (en)	[narkʊ'man]

sourd (adj)	döv	['dø:v]
muet (adj)	stum	['stu:m]
sourd-muet (adj)	dövstum	['dø:v‚stu:m]

fou (adj)	mentalsjuk, galen	['mental'ɧʉ:k], ['galʲen]
fou (m)	dåre, galning (en)	['do:rə], ['galʲniŋ]
folle (f)	dåre, galning (en)	['do:rə], ['galʲniŋ]
devenir fou	att bli sinnessjuk	[at bli 'sinɛs‚ɧʉ:k]

gène (m)	gen (en)	['jen]
immunité (f)	immunitet (en)	[imʉni'te:t]
héréditaire (adj)	ärftlig	['æ:rftlig]
congénital (adj)	medfödd	['med‚fœd]

virus (m)	virus (ett)	['vi:rʉs]
microbe (m)	mikrob (en)	[mi'krɔb]
bactérie (f)	bakterie (en)	[bak'teriə]
infection (f)	infektion (en)	[infɛk'ɧʊn]

66. Les symptômes. Le traitement. Partie 3

| hôpital (m) | sjukhus (ett) | ['ɧʉ:k‚hʉs] |
| patient (m) | patient (en) | [pasi'ent] |

diagnostic (m)	diagnos (en)	[dia'gnɔs]
cure (f) (faire une ~)	kur (ən)	['kʉ:r]
traitement (m)	behandling (en)	[be'handliŋ]
se faire soigner	att bli behandlad	[at bli be'handlʲad]
traiter (un patient)	att behandla	[at be'handlʲa]
soigner (un malade)	att sköta	[at 'ɧø:ta]
soins (m pl)	vård (en)	['vo:d]

opération (f)	operation (en)	[ɔpera'ɧʊn]
panser (vt)	att förbinda	[at før'binda]
pansement (m)	förbindning (en)	[før'bindniŋ]

vaccination (f)	vaccination (en)	[vaksina'ɧʊn]
vacciner (vt)	att vaksinera	[at vaksi'nera]
piqûre (f)	injektion (en)	[injɛk'ɧʊn]
faire une piqûre	att ge en spruta	[at je: en 'sprʉta]
crise, attaque (f)	anfall (ett), attack (en)	['anfalʲ], [a'tak]
amputation (f)	amputation (en)	[ampʉta'ɧʊn]

amputer (vt)	att amputera	[at ampʉ'tera]
coma (m)	koma (ett)	['kɔma]
être dans le coma	att ligga i koma	[at 'liga i 'kɔma]
réanimation (f)	intensivavdelning (en)	[intɛn'siv‚av'dɛlʲniŋ]
se rétablir (vp)	att återhämta sig	[at 'oːter‚hɛmta sɛj]
état (m) (de santé)	tillstånd (ett)	['tilʲ‚stɔnd]
conscience (f)	medvetande (ett)	['med‚vetandə]
mémoire (f)	minne (ett)	['minə]
arracher (une dent)	att dra ut	[at 'dra ʉt]
plombage (m)	plomb (en)	['plʲɔmb]
plomber (vt)	att plombera	[at plʲɔm'bera]
hypnose (f)	hypnos (en)	[hʏp'nɔs]
hypnotiser (vt)	att hypnotisera	[at 'hʏpnɔti‚sera]

67. Les médicaments. Les accessoires

médicament (m)	medicin (en)	[medi'sin]
remède (m)	medel (ett)	['medəlʲ]
prescrire (vt)	att ordinera	[at oːɖi'nera]
ordonnance (f)	recept (ett)	[re'sɛpt]
comprimé (m)	tablett (en)	[tab'lʲet]
onguent (m)	salva (en)	['salʲva]
ampoule (f)	ampull (en)	[am'pulʲ]
mixture (f)	mixtur (en)	[miks'tʉːr]
sirop (m)	sirap (en)	['sirap]
pilule (f)	piller (ett)	['pilʲer]
poudre (f)	pulver (ett)	['pulʲvər]
bande (f)	gasbinda (en)	['gas‚binda]
coton (m) (ouate)	vadd (en)	['vad]
iode (m)	jod (en)	['jʊd]
sparadrap (m)	plåster (ett)	['plʲɔstər]
compte-gouttes (m)	pipett (en)	[pi'pɛt]
thermomètre (m)	termometer (en)	[tɛrmʊ'metər]
seringue (f)	spruta (en)	['sprʉta]
fauteuil (m) roulant	rullstol (en)	['rulʲ‚stʊlʲ]
béquilles (f pl)	kryckor (pl)	['krʏkʊr]
anesthésique (m)	smärtstillande medel (ett)	['smæːt‚stilʲande 'medəlʲ]
purgatif (m)	laxermedel (ett)	['lʲaksər 'medəlʲ]
alcool (m)	sprit (en)	['sprit]
herbe (f) médicinale	läkeväxter (pl)	['lʲɛkə‚vɛkstər]
d'herbes (adj)	ört-	['øːʈ-]

L'APPARTEMENT

T&P Books Publishing

appartement (m)	lägenhet (en)	['lʲe:gən,het]
chambre (f)	rum (ett)	['ru:m]
chambre (f) à coucher	sovrum (ett)	['sɔv,rum]
salle (f) à manger	matsal (en)	['matsalʲ]
salon (m)	vardagsrum (ett)	['va:das,rum]
bureau (m)	arbetsrum (ett)	['arbets,rum]
antichambre (f)	entréhall (en)	[ɛntre:halʲ]
salle (f) de bains	badrum (ett)	['bad,ru:m]
toilettes (f pl)	toalett (en)	[tʊa'lʲet]
plafond (m)	tak (ett)	['tak]
plancher (m)	golv (ett)	['gɔlʲv]
coin (m)	hörn (ett)	['hø:ɳ]

meubles (m pl)	möbel (en)	['mø:bəlʲ]
table (f)	bord (ett)	['bʊ:d]
chaise (f)	stol (en)	['stʊlʲ]
lit (m)	säng (en)	['sɛŋ]
canapé (m)	soffa (en)	['sɔfa]
fauteuil (m)	fåtölj, länstol (en)	[fo:'tœlj], ['lɛn,stʊlʲ]
bibliothèque (f) (meuble)	bokhylla (en)	['bʊk,hylʲa]
rayon (m)	hylla (en)	['hylʲa]
armoire (f)	garderob (en)	[ga:də'rɔ:b]
patère (f)	knagg (en)	['knag]
portemanteau (m)	klädhängare (en)	['klʲɛd,hɛŋarə]
commode (f)	byrå (en)	['byro:]
table (f) basse	soffbord (ett)	['sɔf,bʊ:d]
miroir (m)	spegel (en)	['spegəlʲ]
tapis (m)	matta (en)	['mata]
petit tapis (m)	liten matta (en)	['litən 'mata]
cheminée (f)	kamin (en), eldstad (ett)	[ka'min], ['ɛlʲd,stad]
bougie (f)	ljus (ett)	['jʉ:s]
chandelier (m)	ljusstake (en)	['jʉ:s,stakə]
rideaux (m pl)	gardiner (pl)	[ga:'dinər]

papier (m) peint	tapet (en)	[ta'pet]
jalousie (f)	persienn (en)	[pɛ'ʂjen]
lampe (f) de table	bordslampa (en)	['bʊːdsˌlʲampa]
applique (f)	vägglampa (en)	['vɛgˌlʲampa]
lampadaire (m)	golvlampa (en)	['gɔlʲvˌlʲampa]
lustre (m)	ljuskrona (en)	['jʉːsˌkrʊna]
pied (m) (~ de la table)	ben (ett)	['beːn]
accoudoir (m)	armstöd (ett)	['armˌstøːd]
dossier (m)	rygg (en)	['rʏg]
tiroir (m)	låda (en)	['lʲoːda]

70. La literie

linge (m) de lit	sängkläder (pl)	['sɛŋˌklʲɛːdər]
oreiller (m)	kudde (en)	['kude]
taie (f) d'oreiller	örngott (ett)	['øːɳˌgɔt]
couverture (f)	duntäcke (ett)	['dʉːnˌtɛke]
drap (m)	lakan (ett)	['lʲakan]
couvre-lit (m)	överkast (ett)	['øːveˌkast]

71. La cuisine

cuisine (f)	kök (ett)	['ɕøːk]
gaz (m)	gas (en)	['gas]
cuisinière (f) à gaz	gasspis (en)	['gasˌspis]
cuisinière (f) électrique	elektrisk spis (en)	[ɛ'lʲektrisk ˌspis]
four (m)	bakugn (en)	['bakˌugn]
four (m) micro-ondes	mikrovågsugn (en)	['mikrʊvɔgsˌugn]
réfrigérateur (m)	kylskåp (ett)	['ɕylʲˌskoːp]
congélateur (m)	frys (en)	['frys]
lave-vaisselle (m)	diskmaskin (en)	['diskˌma'ɦiːn]
hachoir (m) à viande	köttkvarn (en)	['ɕœtˌkvaːɳ]
centrifugeuse (f)	juicepress (en)	['jʉːsˌprɛs]
grille-pain (m)	brödrost (en)	['brøːdˌrɔst]
batteur (m)	mixer (en)	['miksər]
machine (f) à café	kaffebryggare (en)	['kafeˌbrʏgare]
cafetière (f)	kaffekanna (en)	['kafeˌkana]
moulin (m) à café	kaffekvarn (en)	['kafeˌkvaːɳ]
bouilloire (f)	tekittel (en)	['teˌɕitəlʲ]
théière (f)	tekanna (en)	['teˌkana]
couvercle (m)	lock (ett)	['lʲɔk]
passoire (f) à thé	tesil (en)	['teˌsilʲ]

cuillère (f)	sked (en)	['ɧed]
petite cuillère (f)	tesked (en)	['te͵ɧed]
cuillère (f) à soupe	matsked (en)	['mat͵ɧed]
fourchette (f)	gaffel (en)	['gafəlʲ]
couteau (m)	kniv (en)	['kniv]
vaisselle (f)	servis (en)	[sɛr'vis]
assiette (f)	tallrik (en)	['talʲrik]
soucoupe (f)	tefat (ett)	['te͵fat]
verre (m) à shot	shotglas (ett)	['ʃot͵glʲas]
verre (m) (~ d'eau)	glas (ett)	['glʲas]
tasse (f)	kopp (en)	['kop]
sucrier (m)	sockerskål (en)	['sɔkə͵ˌskoːlʲ]
salière (f)	saltskål (en)	['salʲt͵ˌskoːlʲ]
poivrière (f)	pepparskål (en)	['pɛpa͵ˌskoːlʲ]
beurrier (m)	smörfat (en)	['smœr͵fat]
casserole (f)	kastrull, gryta (en)	[ka'strulʲ], ['gryta]
poêle (f)	stekpanna (en)	['stek͵pana]
louche (f)	slev (en)	['slʲev]
passoire (f)	durkslag (ett)	['durk͵slʲag]
plateau (m)	bricka (en)	['brika]
bouteille (f)	flaska (en)	['flʲaska]
bocal (m) (à conserves)	glasburk (en)	['glʲas͵burk]
boîte (f) en fer-blanc	burk (en)	['burk]
ouvre-bouteille (m)	flasköppnare (en)	['flʲask͵øpnarə]
ouvre-boîte (m)	burköppnare (en)	['burk͵øpnarə]
tire-bouchon (m)	korkskruv (en)	['kɔrk͵skrʉːv]
filtre (m)	filter (ett)	['filʲtər]
filtrer (vt)	att filtrera	[at filʲ'trera]
ordures (f pl)	sopor, avfall (ett)	['sʊpʊr], ['avfalʲ]
poubelle (f)	sophink (en)	['sʊp͵hiŋk]

72. La salle de bains

salle (f) de bains	badrum (ett)	['bad͵ruːm]
eau (f)	vatten (ett)	['vatən]
robinet (m)	kran (en)	['kran]
eau (f) chaude	varmvatten (ett)	['varm͵vatən]
eau (f) froide	kallvatten (ett)	['kalʲ͵vatən]
dentifrice (m)	tandkräm (en)	['tand͵krɛm]
se brosser les dents	att borsta tänderna	[at 'bɔːʂta 'tɛndɛːɳa]
brosse (f) à dents	tandborste (en)	['tand͵bɔːʂtə]
se raser (vp)	att raka sig	[at 'raka sɛj]

mousse (f) à raser	raklödder (ett)	['rak‚lʲødər]
rasoir (m)	hyvel (en)	['hyvəlʲ]
laver (vt)	att tvätta	[at 'tvæta]
se laver (vp)	att tvätta sig	[at 'tvæta sɛj]
douche (f)	dusch (en)	['duʃ]
prendre une douche	att duscha	[at 'duʃa]
baignoire (f)	badkar (ett)	['bad‚kar]
cuvette (f)	toalettstol (en)	[tʊa'lʲet‚stʊlʲ]
lavabo (m)	handfat (ett)	['hand‚fat]
savon (m)	tvål (en)	['tvo:lʲ]
porte-savon (m)	tvålskål (en)	['tvo:lʲ‚sko:lʲ]
éponge (f)	svamp (en)	['svamp]
shampooing (m)	schampo (ett)	['ɧam‚pʊ]
serviette (f)	handduk (en)	['hand‚dɯ:k]
peignoir (m) de bain	morgonrock (en)	['mɔrgɔn‚rɔk]
lessive (f) (faire la ~)	tvätt (en)	['tvæt]
machine (f) à laver	tvättmaskin (en)	['tvæt‚ma'ɧi:n]
faire la lessive	att tvätta kläder	[at 'tvæta 'klʲɛ:dər]
lessive (f) (poudre)	tvättmedel (ett)	['tvæt‚medəlʲ]

73. Les appareils électroménagers

téléviseur (m)	teve (en)	['teve]
magnétophone (m)	bandspelare (en)	['band‚spelʲarə]
magnétoscope (m)	video (en)	['videʊ]
radio (f)	radio (en)	['radiʊ]
lecteur (m)	spelare (en)	['spelʲarə]
vidéoprojecteur (m)	videoprojektor (en)	['videʊ prʊ'jɛktʊr]
home cinéma (m)	hemmabio (en)	['hɛma‚bi:ʊ]
lecteur DVD (m)	DVD spelare (en)	[deve'de: ‚spelʲarə]
amplificateur (m)	förstärkare (en)	[fœ:'ʂtæ:karə]
console (f) de jeux	spelkonsol (en)	['spelʲ kɔn'sɔlʲ]
caméscope (m)	videokamera (en)	['videʊ‚kamera]
appareil (m) photo	kamera (en)	['kamera]
appareil (m) photo numérique	digitalkamera (en)	[digi'talʲ ‚kamera]
aspirateur (m)	dammsugare (en)	['dam‚sɯgarə]
fer (m) à repasser	strykjärn (ett)	['stryk‚jæ:ɳ]
planche (f) à repasser	strykbräda (en)	['stryk‚brɛ:da]
téléphone (m)	telefon (en)	[telʲe'fɔn]
portable (m)	mobiltelefon (en)	[mɔ'bilʲ telʲe'fɔn]

machine (f) à écrire	**skrivmaskin (en)**	['skriv,ma'ɧi:n]
machine (f) à coudre	**symaskin (en)**	['sy,ma'ɧi:n]
micro (m)	**mikrofon (en)**	[mikrʊ'fɔn]
écouteurs (m pl)	**hörlurar** (pl)	['hœ:,lʲʉ:rar]
télécommande (f)	**fjärrkontroll (en)**	['fjæ:r,kɔn'trolʲ]
CD (m)	**cd-skiva (en)**	['sede ,ɧiva]
cassette (f)	**kassett (en)**	[ka'sɛt]
disque (m) (vinyle)	**skiva (en)**	['ɧiva]

LA TERRE. LE TEMPS

T&P Books Publishing

cosmos (m)	rymden, kosmos (ett)	[rʋmden], ['kosmɔs]
cosmique (adj)	rymd-	['rʋmd-]
espace (m) cosmique	yttre rymd (en)	['ytrə ˌrʋmd]
monde (m)	värld (en)	['væːɖ]
univers (m)	universum (ett)	[uniˈvɛːʂum]
galaxie (f)	galax (en)	[gaˈlʲaks]
étoile (f)	stjärna (en)	['ɧæːɳa]
constellation (f)	stjärnbild (en)	['ɧæːɳˌbilʲd]
planète (f)	planet (en)	[plʲaˈnet]
satellite (m)	satellit (en)	[satɛˈliːt]
météorite (m)	meteorit (en)	[meteʊˈrit]
comète (f)	komet (en)	[kʊˈmet]
astéroïde (m)	asteroid (en)	[asterʊˈid]
orbite (f)	bana (en)	['bana]
tourner (vi)	att rotera	[at rʊˈtera]
atmosphère (f)	atmosfär (en)	[atmʊˈsfæːr]
Soleil (m)	Solen	['sʊlʲən]
système (m) solaire	solsystem (ett)	['sʊlʲ ˌsʏˈstem]
éclipse (f) de soleil	solförmörkelse (en)	['sʊlʲfør'mœːrkəlʲsə]
Terre (f)	Jorden	['jʊːɖən]
Lune (f)	Månen	['moːnən]
Mars (m)	Mars	['maːʂ]
Vénus (f)	Venus	['veːnus]
Jupiter (m)	Jupiter	['jupitər]
Saturne (m)	Saturnus	[saˈtuːɳus]
Mercure (m)	Merkurius	[mɛrˈkʉrius]
Uranus (m)	Uranus	[ʉˈranus]
Neptune	Neptunus	[nepˈtʉnus]
Pluton (m)	Pluto	['plʉtʊ]
la Voie Lactée	Vintergatan	['vintəˌgatan]
la Grande Ours	Stora bjornen	['stʊra 'bjuːɳən]
la Polaire	Polstjärnan	['pʊlʲˌɧæːɳan]
martien (m)	marsian (en)	[maːʂiˈan]
extraterrestre (m)	utomjording (en)	['ʉtɔmˌjuːɖisk]

alien (m)	rymdväsen (ett)	['rʏmd‚vɛsən]
soucoupe (f) volante	flygande tefat (ett)	['flʲygandə 'tefat]
vaisseau (m) spatial	rymdskepp (ett)	['rʏmd‚ɧɛp]
station (f) orbitale	rymdstation (en)	['rʏmd sta'ɧʊn]
lancement (m)	start (en)	['staːʈ]
moteur (m)	motor (en)	['mʊtʊr]
tuyère (f)	dysa (en)	['dysa]
carburant (m)	bränsle (ett)	['brɛnslʲe]
cabine (f)	cockpit, flygdäck (en)	['kɔkpit], ['flʏg‚dɛk]
antenne (f)	antenn (en)	[an'tɛn]
hublot (m)	fönster (ett)	['fœnstər]
batterie (f) solaire	solbatteri (ett)	['sʊlʲ‚batɛ'riː]
scaphandre (m)	rymddräkt (en)	['rʏmd‚drɛkt]
apesanteur (f)	tyngdlöshet (en)	['tʏŋdlʲøs‚het]
oxygène (m)	syre, oxygen (ett)	['syrə], ['oksygən]
arrimage (m)	dockning (en)	['dɔkniŋ]
s'arrimer à …	att docka	[at 'dɔka]
observatoire (m)	observatorium (ett)	[ɔbsɛrva'tʊrium]
télescope (m)	teleskop (ett)	[telʲe'skɔp]
observer (vt)	att observera	[at ɔbsɛr'vera]
explorer (un cosmos)	att utforska	[at 'ʉt‚fɔːʂka]

75. La Terre

Terre (f)	Jorden	['jʊːɖən]
globe (m) terrestre	jordklot (ett)	['jʊːɖ‚klʲʊt]
planète (f)	planet (en)	[plʲa'net]
atmosphère (f)	atmosfär (en)	[atmʊ'sfæːr]
géographie (f)	geografi (en)	[jeʊgra'fiː]
nature (f)	natur (en)	[na'tʉːr]
globe (m) de table	glob (en)	['glʲʊb]
carte (f)	karta (en)	['kaːʈa]
atlas (m)	atlas (en)	['atlʲas]
Europe (f)	Europa	[eu'rʊpa]
Asie (f)	Asien	['asiən]
Afrique (f)	Afrika	['afrika]
Australie (f)	Australien	[au'straliən]
Amérique (f)	Amerika	[a'merika]
Amérique (f) du Nord	Nordamerika	['nʊːd a'merika]
Amérique (f) du Sud	Sydamerika	['syd a'merika]

| l'Antarctique (m) | **Antarktis** | [an'tarktis] |
| l'Arctique (m) | **Arktis** | ['arktis] |

76. Les quatre parties du monde

nord (m)	**norr**	['nɔr]
vers le nord	**norrut**	['nɔrʉt]
au nord	**i norr**	[i 'nɔr]
du nord (adj)	**nordlig**	['nʉ:dlig]
sud (m)	**söder (en)**	['sø:dər]
vers le sud	**söderut**	['sø:dərʉt]
au sud	**i söder**	[i 'sø:dər]
du sud (adj)	**syd-, söder**	['syd-], ['sø:dər]
ouest (m)	**väster (en)**	['vɛstər]
vers l'occident	**västerut**	['vɛstərʉt]
à l'occident	**i väst**	[i vɛst]
occidental (adj)	**västra**	['vɛstra]
est (m)	**öster (en)**	['œstər]
vers l'orient	**österut**	['œstərʉt]
à l'orient	**i öst**	[i 'œst]
oriental (adj)	**östra**	['œstra]

77. Les océans et les mers

mer (f)	**hav (ett)**	['hav]
océan (m)	**ocean (en)**	[ʉsə'an]
golfe (m)	**bukt (en)**	['bukt]
détroit (m)	**sund (ett)**	['sund]
terre (f) ferme	**fastland (ett)**	['fast‚lʲand]
continent (m)	**fastland (ett),**	['fast‚lʲand],
	kontinent (en)	[kɔnti'nɛnt]
île (f)	**ö (en)**	['ø:]
presqu'île (f)	**halvö (en)**	['halʲv‚ø:]
archipel (m)	**skärgård, arkipelag (en)**	['ʃæ:r‚gɔ:d], [arkipe'lʲag]
baie (f)	**bukt (en)**	['bukt]
port (m)	**hamn (en)**	['hamn]
lagune (f)	**lagun (en)**	[lʲa'gʉ:n]
cap (m)	**udde (en)**	['udə]
atoll (m)	**atoll (en)**	[a'tɔlʲ]
récif (m)	**rev (ett)**	['rev]
corail (m)	**korall (en)**	[kɔ'ralʲ]
récif (m) de corail	**korallrev (ett)**	[kɔ'ralʲ‚rev]

profond (adj)	djup	['jʉ:p]
profondeur (f)	djup (ett)	['jʉ:p]
abîme (m)	avgrund (en)	['av‚grʉnd]
fosse (f) océanique	djuphavsgrav (en)	['jʉ:phavs‚grav]
courant (m)	ström (en)	['strø:m]
baigner (vt) (mer)	att omge	[at 'ɔmje]
littoral (m)	kust (en)	['kust]
côte (f)	kust (en)	['kust]
marée (f) haute	flod (en)	['flʲʊd]
marée (f) basse	ebb (en)	['ɛb]
banc (m) de sable	sandbank (en)	['sand‚baŋk]
fond (m)	botten (en)	['bɔtən]
vague (f)	våg (en)	['vo:g]
crête (f) de la vague	vågkam (en)	['vo:g‚kam]
mousse (f)	skum (ett)	['skum]
tempête (f) en mer	storm (en)	['stɔrm]
ouragan (m)	orkan (en)	[ɔr'kan]
tsunami (m)	tsunami (en)	[tsu'nami]
calme (m)	stiltje (en)	['stilʲtjə]
calme (tranquille)	stilla	['stilʲa]
pôle (m)	pol (en)	['pʊlʲ]
polaire (adj)	pol-, polar-	['pʊlʲ-], [pʊ'lʲar-]
latitude (f)	latitud (en)	[lʲati'tʉ:d]
longitude (f)	longitud (en)	[lʲɔŋi'tʉ:d]
parallèle (f)	breddgrad (en)	['brɛd‚grad]
équateur (m)	ekvator (en)	[ɛ'kvatʊr]
ciel (m)	himmel (en)	['himəlʲ]
horizon (m)	horisont (en)	[hʊri'sɔnt]
air (m)	luft (en)	['lʉft]
phare (m)	fyr (en)	['fyr]
plonger (vi)	att dyka	[at 'dyka]
sombrer (vi)	att sjunka	[at 'ɧuŋka]
trésor (m)	skatter (pl)	['skatər]

78. Les noms des mers et des océans

océan (m) Atlantique	Atlanten	[at'lʲantən]
océan (m) Indien	Indiska oceanen	['indiska ʊsə'anən]
océan (m) Pacifique	Stilla havet	['stilʲa 'havɛt]
océan (m) Glacial	Norra ishavet	['nɔra ‚is'havɛt]
mer (f) Noire	Svarta havet	['sva:ʈa 'havɛt]

mer (f) Rouge	Röda havet	['rø:da 'havɛt]
mer (f) Jaune	Gula havet	['gʉːlʲa 'havɛt]
mer (f) Blanche	Vita havet	['vita 'havɛt]
mer (f) Caspienne	Kaspiska havet	['kaspiska 'havɛt]
mer (f) Morte	Döda havet	['dø:da 'havɛt]
mer (f) Méditerranée	Medelhavet	['medəlʲˌhavɛt]
mer (f) Égée	Egeiska havet	[ɛ'gejska 'havɛt]
mer (f) Adriatique	Adriatiska havet	[adri'atiska 'havɛt]
mer (f) Arabique	Arabiska havet	[a'rabiska 'havɛt]
mer (f) du Japon	Japanska havet	[ja'panska 'havɛt]
mer (f) de Béring	Beringshavet	['beringsˌhavɛt]
mer (f) de Chine Méridionale	Sydkinesiska havet	['sydɕiˌnesiska 'havɛt]
mer (f) de Corail	Korallhavet	[kɔ'ralʲˌhavɛt]
mer (f) de Tasman	Tasmanhavet	[tas'manˌhavɛt]
mer (f) Caraïbe	Karibiska havet	[ka'ribiska 'havɛt]
mer (f) de Barents	Barentshavet	['barɛntsˌhavɛt]
mer (f) de Kara	Karahavet	['karaˌhavɛt]
mer (f) du Nord	Nordsjön	['nʉːɖˌɧøːn]
mer (f) Baltique	Östersjön	['œstɛːˌɧøːn]
mer (f) de Norvège	Norska havet	['nɔːʂka 'havɛt]

79. Les montagnes

montagne (f)	berg (ett)	['bɛrj]
chaîne (f) de montagnes	bergskedja (en)	['bɛrjˌɕedja]
crête (f)	bergsrygg (en)	['bɛrjsˌrʸg]
sommet (m)	topp (en)	['tɔp]
pic (m)	tinne (en)	['tinə]
pied (m)	fot (en)	['fʊt]
pente (f)	sluttning (en)	['slʉːtniŋ]
volcan (m)	vulkan (en)	[vulʲ'kan]
volcan (m) actif	verksam vulkan (en)	['vɛrksam vulʲ'kan]
volcan (m) éteint	slocknad vulkan (en)	['slʲɔknad vulʲ'kan]
éruption (f)	utbrott (ett)	['ʉtˌbrɔt]
cratère (m)	krater (en)	['kratər]
magma (m)	magma (en)	['magma]
lave (f)	lava (en)	['lʲava]
en fusion (lave ~)	glödgad	['glʲœdgad]
canyon (m)	kanjon (en)	['kanjɔn]
défilé (m) (gorge)	klyfta (en)	['klʲyfta]

crevasse (f)	**skreva (en)**	['skreva]
précipice (m)	**avgrund (en)**	['avˌgrʉnd]
col (m) de montagne	**pass (ett)**	['pas]
plateau (m)	**platå (en)**	[plʲa'to:]
rocher (m)	**klippa (en)**	['klipa]
colline (f)	**kulle, backe (en)**	['kulʲə], ['bakə]
glacier (m)	**glaciär, jökel (en)**	[glʲas'jæ:r], ['jø:kəlʲ]
chute (f) d'eau	**vattenfall (ett)**	['vatənˌfalʲ]
geyser (m)	**gejser (en)**	['gɛjsər]
lac (m)	**sjö (en)**	['ɧø:]
plaine (f)	**slätt (en)**	['slʲæt]
paysage (m)	**landskap (ett)**	['lʲaŋˌskap]
écho (m)	**eko (ett)**	['ɛkʊ]
alpiniste (m)	**alpinist (en)**	['alʲpiˌnist]
varappeur (m)	**bergsbestigare (en)**	['bɛrjsˌbe'stigarə]
conquérir (vt)	**att erövra**	[at ɛ'rœvra]
ascension (f)	**bestigning (en)**	[be'stigniŋ]

80. Les noms des chaînes de montagne

Alpes (f pl)	**Alperna**	['alʲpɛ:ŋa]
Mont Blanc (m)	**Mont Blanc**	[ˌmɔn'blʲan]
Pyrénées (f pl)	**Pyrenéerna**	[pyre'neæ:ŋa]
Carpates (f pl)	**Karpaterna**	[kar'patɛ:ŋa]
Monts Oural (m pl)	**Uralbergen**	[ʉ'ralʲˌbɛrjən]
Caucase (m)	**Kaukasus**	['kaukasus]
Elbrous (m)	**Elbrus**	['ɛlʲbrʉs]
Altaï (m)	**Altaj**	[alʲ'taj]
Tian Chan (m)	**Tian Shan**	[ti'anʃan]
Pamir (m)	**Pamir**	[pa'mɪr]
Himalaya (m)	**Himalaya**	[hi'malʲaja]
Everest (m)	**Everest**	[ɛve'rɛst]
Andes (f pl)	**Anderna**	['andɛ:ŋa]
Kilimandjaro (m)	**Kilimanjaro**	[kiliman'jarʊ]

81. Les fleuves

rivière (f), fleuve (m)	**älv, flod (en)**	['ɛlʲv], ['flʲʊd]
source (f)	**källa (en)**	['ɕɛlʲa]
lit (m) (d'une rivière)	**flodbädd (en)**	['flʲʊdˌbɛd]
bassin (m)	**flodbassäng (en)**	['flʲʊdˌba'sɛŋ]

se jeter dans ...	att mynna ut ...	[at 'mʏna ʉt ...]
affluent (m)	biflod (en)	['biˌflʲʊd]
rive (f)	strand (en)	['strand]

courant (m)	ström (en)	['strøːm]
en aval	nedströms	['nɛdˌstrœms]
en amont	motströms	['mʊtˌstrœms]

inondation (f)	översvämning (en)	['øːvəˌsvɛmniŋ]
les grandes crues	flöde (ett)	['flʲøːdə]
déborder (vt)	att flöda över	[at 'flʲøːda ˌøːvər]
inonder (vt)	att översvämma	[at 'øːvəˌsvɛma]

| bas-fond (m) | grund (ett) | ['grʊnd] |
| rapide (m) | forsar (pl) | [foˈs̩ar] |

barrage (m)	damm (en)	['dam]
canal (m)	kanal (en)	[kaˈnalʲ]
lac (m) de barrage	reservoar (ett)	[resɛrvʊˈaːr]
écluse (f)	sluss (en)	['slʉːs]

plan (m) d'eau	vattensamling (en)	['vatənˌsamliŋ]
marais (m)	myr, mosse (en)	['myr], ['mʊsə]
fondrière (f)	gungfly (ett)	['gʊnˌfly]
tourbillon (m)	strömvirvel (en)	['strøːmˌvirvəlʲ]

ruisseau (m)	bäck (en)	['bɛk]
potable (adj)	dricks-	['driks-]
douce (l'eau ~)	söt-, färsk-	['søːt-], ['fæːʂk-]

| glace (f) | is (en) | ['is] |
| être gelé | att frysa till | [at 'frysa tilʲ] |

82. Les noms des fleuves

| Seine (f) | Seine | ['sɛːn] |
| Loire (f) | Loire | [lʲʊˈaːr] |

Tamise (f)	Themsen	['tɛmsən]
Rhin (m)	Rhen	['ren]
Danube (m)	Donau	['dɔnaʊ]

Volga (f)	Volga	['volʲga]
Don (m)	Don	['dɔn]
Lena (f)	Lena	['lʲena]

Huang He (m)	Hwang-ho	[huaŋˈhʊ]
Yangzi Jiang (m)	Yangtze	['jaŋtsə]
Mékong (m)	Mekong	[meˈkɔŋ]
Gange (m)	Ganges	['gaŋəs]

Nil (m)	**Nilen**	['nilʲen]
Congo (m)	**Kongo**	['kɔŋgʊ]
Okavango (m)	**Okavango**	[ɔka'vaŋgʊ]
Zambèze (m)	**Zambezi**	[sam'besi]
Limpopo (m)	**Limpopo**	[lim'pɔpɔ]
Mississippi (m)	**Mississippi**	[misi'sipi]

83. La forêt

forêt (f)	**skog (en)**	['skʊg]
forestier (adj)	**skogs-**	['skʊgs-]
fourré (m)	**tät skog (en)**	['tɛt ˌskʊg]
bosquet (m)	**lund (en)**	['lʉnd]
clairière (f)	**glänta (en)**	['glʲɛnta]
broussailles (f pl)	**snår (ett)**	['snoːr]
taillis (m)	**buskterräng (en)**	['busk tɛ'rɛŋ]
sentier (m)	**stig (en)**	['stig]
ravin (m)	**ravin (en)**	[ra'vin]
arbre (m)	**träd (ett)**	['trɛːd]
feuille (f)	**löv (ett)**	['lʲøːv]
feuillage (m)	**löv, lövverk (ett)**	['lʲøːv], ['lʲøːværk]
chute (f) de feuilles	**lövfällning (en)**	['lʲøːvˌfɛlʲniŋ]
tomber (feuilles)	**att falla**	[at 'falʲa]
sommet (m)	**trädtopp (en)**	['trɛːˌtɔp]
rameau (m)	**gren, kvist (en)**	['gren], ['kvist]
branche (f)	**gren (en)**	['gren]
bourgeon (m)	**knopp (en)**	['knɔp]
aiguille (f)	**nål (en)**	['noːlʲ]
pomme (f) de pin	**kotte (en)**	['kɔtə]
creux (m)	**trädhål (ett)**	['trɛːdˌhoːlʲ]
nid (m)	**bo (ett)**	['bʊ]
terrier (m) (~ d'un renard)	**lya, håla (en)**	['lʲya], ['hoːlʲa]
tronc (m)	**stam (en)**	['stam]
racine (f)	**rot (en)**	['rʊt]
écorce (f)	**bark (en)**	['bark]
mousse (f)	**mossa (en)**	['mɔsa]
déraciner (vt)	**att rycka upp med rötterna**	[at 'rʏka up me 'rœttɛːŋa]
abattre (un arbre)	**att fälla**	[at 'fɛlʲa]
déboiser (vt)	**att hugga ner**	[at 'huga ner]
souche (f)	**stubbe (en)**	['stubə]

feu (m) de bois	bål (ett)	['boːlʲ]
incendie (m)	skogsbrand (en)	['skʊgsˌbrand]
éteindre (feu)	att släcka	[at 'slʲɛka]
garde (m) forestier	skogsvakt (en)	['skʊgsˌvakt]
protection (f)	värn, skydd (ett)	['væːn], [ʃyd]
protéger (vt)	att skydda	[at 'ʃyda]
braconnier (m)	tjuvskytt (en)	['ɕʉːvˌʃyt]
piège (m) à mâchoires	sax (en)	['saks]
cueillir (vt)	att plocka	[at 'plʲoka]
s'égarer (vp)	att gå vilse	[at 'goː 'vilʲsə]

84. Les ressources naturelles

ressources (f pl) naturelles	naturresurser (pl)	[na'tʉːr re'sursər]
minéraux (m pl)	mineraler (pl)	[mine'ralʲər]
gisement (m)	fyndigheter (pl)	['fʏndiˌhetər]
champ (m) (~ pétrolifère)	fält (ett)	['fɛlʲt]
extraire (vt)	att utvinna	[at 'ʉtˌvina]
extraction (f)	utvinning (en)	['ʉtˌviniŋ]
minerai (m)	malm (en)	['malʲm]
mine (f) (site)	gruva (en)	['grʉva]
puits (m) de mine	gruvschakt (ett)	['grʉːvˌʃakt]
mineur (m)	gruvarbetare (en)	['grʉːvˌar'betarə]
gaz (m)	gas (en)	['gas]
gazoduc (m)	gasledning (en)	['gasˌlʲedniŋ]
pétrole (m)	olja (en)	['ɔlja]
pipeline (m)	oljeledning (en)	['ɔljəˌlʲedniŋ]
tour (f) de forage	oljekälla (en)	['ɔljəˌɕæla]
derrick (m)	borrtorn (ett)	['borˌtʉːn]
pétrolier (m)	tankfartyg (ett)	['taŋkˌfaːˈtyg]
sable (m)	sand (en)	['sand]
calcaire (m)	kalksten (en)	[kalʲkˌsten]
gravier (m)	grus (ett)	['grʉːs]
tourbe (f)	torv (en)	['torv]
argile (f)	lera (en)	['lʲera]
charbon (m)	kol (ett)	['kɔlʲ]
fer (m)	järn (ett)	['jæːn]
or (m)	guld (ett)	['gulʲd]
argent (m)	silver (ett)	['silʲvər]
nickel (m)	nickel (en)	['nikəlʲ]
cuivre (m)	koppar (en)	['kopar]
zinc (m)	zink (en)	['siŋk]
manganèse (m)	mangan (en)	[man'gan]

mercure (m)	**kvicksilver (ett)**	['kvikˌsilʲvər]
plomb (m)	**bly (ett)**	['blʲy]
minéral (m)	**mineral (ett)**	[minə'ralʲ]
cristal (m)	**kristall (en)**	[kri'stalʲ]
marbre (m)	**marmor (en)**	['marmʊr]
uranium (m)	**uran (ett)**	[ʉ'ran]

85. Le temps

temps (m)	**väder (ett)**	['vɛ:dər]
météo (f)	**väderprognos (en)**	['vɛ:dərˌprɔg'nɔ:s]
température (f)	**temperatur (en)**	[tɛmpəra'tʉ:r]
thermomètre (m)	**termometer (en)**	[tɛrmʊ'metər]
baromètre (m)	**barometer (en)**	[barʊ'metər]
humide (adj)	**fuktig**	['fu:ktig]
humidité (f)	**fuktighet (en)**	['fu:ktigˌhet]
chaleur (f) (canicule)	**hetta (en)**	['hɛta]
torride (adj)	**het**	['het]
il fait très chaud	**det är hett**	[dɛ æ:r 'hɛt]
il fait chaud	**det är varmt**	[dɛ æ:r varmt]
chaud (modérément)	**varm**	['varm]
il fait froid	**det är kallt**	[dɛ æ:r 'kalʲt]
froid (adj)	**kall**	['kalʲ]
soleil (m)	**sol (en)**	['sʊlʲ]
briller (soleil)	**att skina**	[at 'ɧina]
ensoleillé (jour ~)	**solig**	['sʊlig]
se lever (vp)	**att gå upp**	[at 'go: 'up]
se coucher (vp)	**att gå ner**	[at 'go: ˌner]
nuage (m)	**moln (ett), sky (en)**	['mɔlʲn], ['ɧy]
nuageux (adj)	**molnig**	['mɔlʲnig]
nuée (f)	**regnmoln (ett)**	['rɛgnˌmɔlʲn]
sombre (adj)	**mörk, mulen**	['mœ:rk], ['mʉ:lʲen]
pluie (f)	**regn (ett)**	['rɛgn]
il pleut	**det regnar**	[dɛ 'rɛgnar]
pluvieux (adj)	**regnväders-**	['rɛgnˌvɛdəs-]
bruiner (v imp)	**att duggregna**	[at 'dugˌrɛgna]
pluie (f) torrentielle	**hällande regn (ett)**	['hɛlʲandə 'rɛgn]
averse (f)	**spöregn (ett)**	['spøːˌrɛgn]
forte (la pluie ~)	**kraftigt, häftigt**	['kraftigt], ['hɛftigt]
flaque (f)	**pöl, vattenpuss (en)**	['pøːlʲ], ['vatənˌpus]
se faire mouiller	**att bli våt**	[at bli 'vo:t]
brouillard (m)	**dimma (en)**	['dima]

brumeux (adj)	dimmig	['dimig]
neige (f)	snö (en)	['snø:]
il neige	det snöar	[dɛ 'snø:ar]

86. Les intempéries. Les catastrophes naturelles

orage (m)	åskväder (ett)	['ɔsk͵vɛdər]
éclair (m)	blixt (en)	['blikst]
éclater (foudre)	att blixtra	[at 'blikstra]
tonnerre (m)	åska (en)	['ɔska]
gronder (tonnerre)	att åska	[at 'ɔska]
le tonnerre gronde	det åskar	[dɛ 'ɔskar]
grêle (f)	hagel (ett)	['hagəlʲ]
il grêle	det haglar	[dɛ 'haglʲar]
inonder (vt)	att översvämma	[at 'ø:və͵svɛma]
inondation (f)	översvämning (en)	['ø:və͵svɛmniŋ]
tremblement (m) de terre	jordskalv (ett)	['jʊːd͵skalv]
secousse (f)	skalv (ett)	['skalʲv]
épicentre (m)	epicentrum (ett)	[ɛpi'sɛntrum]
éruption (f)	utbrott (ett)	['ʉt͵brɔt]
lave (f)	lava (en)	['lʲava]
tourbillon (m)	tromb (en)	['trɔmb]
tornade (f)	tornado (en)	[tʊ'ŋadʊ]
typhon (m)	tyfon (en)	[ty'fɔn]
ouragan (m)	orkan (en)	[ɔr'kan]
tempête (f)	storm (en)	['stɔrm]
tsunami (m)	tsunami (en)	[tsu'nami]
cyclone (m)	cyklon (en)	[tsʏ'klʲɔn]
intempéries (f pl)	oväder (ett)	[ʊ'vɛːdər]
incendie (m)	brand (en)	['brand]
catastrophe (f)	katastrof (en)	[kata'strɔf]
météorite (m)	meteorit (en)	[meteʊ'rit]
avalanche (f)	lavin (en)	[lʲa'vin]
éboulement (m)	snöskred, snöras (ett)	['snø:͵skred], ['snø:͵ras]
blizzard (m)	snöstorm (en)	['snø:͵stɔrm]
tempête (f) de neige	snöstorm (en)	['snø:͵stɔrm]

LA FAUNE

T&P Books Publishing

prédateur (m)	rovdjur (ett)	['rʊvˌjɵːr]
tigre (m)	tiger (en)	['tigər]
lion (m)	lejon (ett)	['lʲejɔn]
loup (m)	ulv (en)	['ulʲv]
renard (m)	räv (en)	['rɛːv]
jaguar (m)	jaguar (en)	[jaguar]
léopard (m)	leopard (en)	[lʲeʊ'paːd]
guépard (m)	gepard (en)	[je'paːd]
panthère (f)	panter (en)	['pantər]
puma (m)	puma (en)	['pɵːma]
léopard (m) de neiges	snöleopard (en)	['snøː lʲeʊ'paːd]
lynx (m)	lodjur (ett), lo (en)	['lʲʊjɵːr], ['lʲʊ]
coyote (m)	koyot, prärievarg (en)	[kɔ'jʊt], ['præːrieˌvarj]
chacal (m)	sjakal (en)	[ɧa'kalʲ]
hyène (f)	hyena (en)	[hy'ena]

animal (m)	djur (ett)	['jɵːr]
bête (f)	best (en), djur (ett)	['bɛst], ['jɵːr]
écureuil (m)	ekorre (en)	['ɛkɔrə]
hérisson (m)	igelkott (en)	['igəlʲˌkɔt]
lièvre (m)	hare (en)	['harə]
lapin (m)	kanin (en)	[ka'nin]
blaireau (m)	grävling (en)	['grɛvliŋ]
raton (m)	tvättbjörn (en)	['tvætˌbjøːŋ]
hamster (m)	hamster (en)	['hamstər]
marmotte (f)	murmeldjur (ett)	['murməlʲˌjɵːr]
taupe (f)	mullvad (en)	['mulʲˌvad]
souris (f)	mus (en)	['mɵːs]
rat (m)	råtta (en)	['rɔta]
chauve-souris (f)	fladdermus (en)	['flʲadərˌmɵːs]
hermine (f)	hermelin (en)	[hɛrme'lin]
zibeline (f)	sobel (en)	['sɔbəlʲ]
martre (f)	mård (en)	['moːd]

| belette (f) | **vessla (en)** | ['vɛslʲa] |
| vison (m) | **mink (en)** | ['miŋk] |

| castor (m) | **bäver (en)** | ['bɛːvər] |
| loutre (f) | **utter (en)** | ['ʉːtər] |

cheval (m)	**häst (en)**	['hɛst]
élan (m)	**älg (en)**	['ɛlj]
cerf (m)	**hjort (en)**	['jʉːt]
chameau (m)	**kamel (en)**	[ka'melʲ]

bison (m)	**bison (en)**	['bisɔn]
aurochs (m)	**uroxe (en)**	['ʉˌroksə]
buffle (m)	**buffel (en)**	['bufəlʲ]

zèbre (m)	**sebra (en)**	['sebra]
antilope (f)	**antilop (en)**	[anti'lʲʉp]
chevreuil (m)	**rådjur (ett)**	['rɔːjʉːr]
biche (f)	**dovhjort (en)**	['dɔvˌjʉːt]
chamois (m)	**gems (en)**	['jɛms]
sanglier (m)	**vildsvin (ett)**	['vilʲdˌsvin]

baleine (f)	**val (en)**	['valʲ]
phoque (m)	**säl (en)**	['sɛːlʲ]
morse (m)	**valross (en)**	['valʲˌrɔs]
ours (m) de mer	**pälssäl (en)**	['pɛlʲsˌsɛlʲ]
dauphin (m)	**delfin (en)**	[delʲˈfin]

ours (m)	**björn (en)**	['bjøːɳ]
ours (m) blanc	**isbjörn (en)**	['isˌbjøːɳ]
panda (m)	**panda (en)**	['panda]

singe (m)	**apa (en)**	['apa]
chimpanzé (m)	**schimpans (en)**	[ɧim'pans]
orang-outang (m)	**orangutang (en)**	[ʉ'raŋgʉˌtaŋ]
gorille (m)	**gorilla (en)**	[gɔ'rilʲa]
macaque (m)	**makak (en)**	[ma'kak]
gibbon (m)	**gibbon (en)**	[gi'bʉn]

| éléphant (m) | **elefant (en)** | [ɛlʲe'fant] |
| rhinocéros (m) | **noshörning (en)** | ['nʉsˌhøːɳiŋ] |

| girafe (f) | **giraff (en)** | [ɧi'raf] |
| hippopotame (m) | **flodhäst (en)** | ['flʲʉdˌhɛst] |

| kangourou (m) | **känguru (en)** | ['ɕɛngurʉ] |
| koala (m) | **koala (en)** | [kʉ'alʲa] |

mangouste (f)	**mangust, mungo (en)**	['mangust], ['muŋgʉ]
chinchilla (m)	**chinchilla (en)**	[ɧin'ɧilʲa]
mouffette (f)	**skunk (en)**	['skuŋk]
porc-épic (m)	**piggsvin (ett)**	['pigˌɛvin]

89. Les animaux domestiques

chat (m) (femelle)	katt (en)	['kat]
chat (m) (mâle)	hankatt (en)	['han̩kat]
chien (m)	hund (en)	['hʉnd]
cheval (m)	häst (en)	['hɛst]
étalon (m)	hingst (en)	['hiŋst]
jument (f)	sto (ett)	['stʊː]
vache (f)	ko (en)	['kɔː]
taureau (m)	tjur (en)	['ɕʉːr]
bœuf (m)	oxe (en)	['ʊksə]
brebis (f)	får (ett)	['foːr]
mouton (m)	bagge (en)	['bagə]
chèvre (f)	get (en)	['jet]
bouc (m)	getabock (en)	['jeta̩bɔk]
âne (m)	åsna (en)	['ɔsna]
mulet (m)	mula (en)	['mʉlʲa]
cochon (m)	svin (ett)	['svin]
pourceau (m)	griskulting (en)	['gris̩kulʲtiŋ]
lapin (m)	kanin (en)	[ka'nin]
poule (f)	höna (en)	['høːna]
coq (m)	tupp (en)	['tup]
canard (m)	anka (en)	['aŋka]
canard (m) mâle	andrik, andrake (en)	['andrik], ['andrakə]
oie (f)	gås (en)	['goːs]
dindon (m)	kalkontupp (en)	[kalʲ'kʊn̩tup]
dinde (f)	kalkonhöna (en)	[kalʲ'kʊn̩høːna]
animaux (m pl) domestiques	husdjur (pl)	['hʉsjʉːr]
apprivoisé (adj)	tam	['tam]
apprivoiser (vt)	att tämja	[at 'tɛmja]
élever (vt)	att avla, att föda upp	[at 'avlʲa], [at 'føːda up]
ferme (f)	farm, lantgård (en)	[farm], ['lʲant̩goːd]
volaille (f)	fjäderfä (ett)	['fjɛːdər̩fɛː]
bétail (m)	boskap (en)	['bʊskap]
troupeau (m)	hjord (en)	['jʊːd]
écurie (f)	stall (ett)	['stalʲ]
porcherie (f)	svinstia (en)	['svin̩stia]
vacherie (f)	ladugård (en), kostall (ett)	['lʲadʉ̩goːd], ['kostalʲ]
cabane (f) à lapins	kaninbur (en)	[ka'nin̩bʉːr]
poulailler (m)	hönshus (ett)	['høːns̩hʉs]

90. Les oiseaux

oiseau (m)	**fågel (en)**	[ˈfoːɡəlʲ]
pigeon (m)	**duva (en)**	[ˈdʉːva]
moineau (m)	**sparv (en)**	[ˈsparv]
mésange (f)	**talgoxe (en)**	[ˈtaljʉksə]
pie (f)	**skata (en)**	[ˈskata]
corbeau (m)	**korp (en)**	[ˈkɔrp]
corneille (f)	**kråka (en)**	[ˈkroːka]
choucas (m)	**kaja (en)**	[ˈkaja]
freux (m)	**råka (en)**	[ˈroːka]
canard (m)	**anka (en)**	[ˈaŋka]
oie (f)	**gås (en)**	[ˈɡoːs]
faisan (m)	**fasan (en)**	[faˈsan]
aigle (m)	**örn (en)**	[ˈøːn]
épervier (m)	**hök (en)**	[ˈhøːk]
faucon (m)	**falk (en)**	[ˈfalʲk]
vautour (m)	**gam (en)**	[ˈɡam]
condor (m)	**kondor (en)**	[ˈkɔnˌdor]
cygne (m)	**svan (en)**	[ˈsvan]
grue (f)	**trana (en)**	[ˈtrana]
cigogne (f)	**stork (en)**	[ˈstɔrk]
perroquet (m)	**papegoja (en)**	[papeˈɡɔja]
colibri (m)	**kolibri (en)**	[ˈkɔlibri]
paon (m)	**påfågel (en)**	[ˈpoːˌfoːɡəlʲ]
autruche (f)	**struts (en)**	[ˈstruts]
héron (m)	**häger (en)**	[ˈhɛːɡər]
flamant (m)	**flamingo (en)**	[flʲaˈmingɔ]
pélican (m)	**pelikan (en)**	[peliˈkan]
rossignol (m)	**näktergal (en)**	[ˈnɛktəˌɡalʲ]
hirondelle (f)	**svala (en)**	[ˈsvalʲa]
merle (m)	**trast (en)**	[ˈtrast]
grive (f)	**sångtrast (en)**	[ˈsɔŋˌtrast]
merle (m) noir	**koltrast (en)**	[ˈkɔlʲˌtrast]
martinet (m)	**tornseglare, tornsvala (en)**	[ˈtʊːŋseglarə], [ˈtʊːŋsvalʲa]
alouette (f) des champs	**lärka (en)**	[ˈlʲæːrka]
caille (f)	**vaktel (en)**	[ˈvaktəlʲ]
pivert (m)	**hackspett (en)**	[ˈhakˌspet]
coucou (m)	**gök (en)**	[ˈjøːk]
chouette (f)	**uggla (en)**	[ˈuɡlʲa]

hibou (m)	berguv (en)	['bɛrjˌʉːv]
tétras (m)	tjäder (en)	['ɕɛːdər]
tétras-lyre (m)	orre (en)	['ɔrə]
perdrix (f)	rapphöna (en)	['rapˌhøːna]

étourneau (m)	stare (en)	['starə]
canari (m)	kanariefågel (en)	[kaˈnariəˌfoːgəlʲ]
gélinotte (f) des bois	järpe (en)	['jæːrpə]
pinson (m)	bofink (en)	['bʉˌfiŋk]
bouvreuil (m)	domherre (en)	['dʊmhɛrə]

mouette (f)	mås (en)	['moːs]
albatros (m)	albatross (en)	['alʲbaˌtrɔs]
pingouin (m)	pingvin (en)	[piŋ'vin]

91. Les poissons. Les animaux marins

brème (f)	brax (en)	['braks]
carpe (f)	karp (en)	['karp]
perche (f)	ábborre (en)	['abɔrə]
silure (m)	mal (en)	['malʲ]
brochet (m)	gädda (en)	['jɛda]

| saumon (m) | lax (en) | ['lʲaks] |
| esturgeon (m) | stör (en) | ['støːr] |

hareng (m)	sill (en)	['silʲ]
saumon (m) atlantique	atlanterhavslax (en)	[at'lantərhavˌlʲaks]
maquereau (m)	makrill (en)	['makrilʲ]
flet (m)	rödspätta (en)	['røːdˌspæta]

sandre (f)	gös (en)	['jøːs]
morue (f)	torsk (en)	['tɔːʂk]
thon (m)	tonfisk (en)	['tʊnˌfisk]
truite (f)	öring (en)	['øːriŋ]

anguille (f)	ål (en)	['oːlʲ]
torpille (f)	elektrisk rocka (en)	[ɛ'lʲektriskˌrɔka]
murène (f)	muräna (en)	[mʉ'rɛna]
piranha (m)	piraya (en)	[pi'raja]

requin (m)	haj (en)	['haj]
dauphin (m)	delfin (en)	[dɛlʲ'fin]
baleine (f)	val (en)	['valʲ]

crabe (m)	krabba (en)	['kraba]
méduse (f)	manet, medusa (en)	[ma'net], [me'dʉsa]
pieuvre (f), poulpe (m)	bläckfisk (en)	['blʲɛkˌfisk]
étoile (f) de mer	sjöstjärna (en)	['ɧøːˌɧæːɳa]
oursin (m)	sjöpiggsvin (ett)	['ɧøːˌpigsvin]

hippocampe (m)	sjöhäst (en)	['ɧøːˌhɛst]
huître (f)	ostron (ett)	['ʊstrʊn]
crevette (f)	räka (en)	['rɛːka]
homard (m)	hummer (en)	['humər]
langoustine (f)	languster (en)	[lʲaŋ'gustər]

92. Les amphibiens. Les reptiles

serpent (m)	orm (en)	['ʊrm]
venimeux (adj)	giftig	['jiftig]
vipère (f)	huggorm (en)	['hɵgˌʊrm]
cobra (m)	kobra (en)	['kɔbra]
python (m)	pytonorm (en)	[py'tɔnˌʊrm]
boa (m)	boaorm (en)	['bʊaˌʊrm]
couleuvre (f)	snok (en)	['snʊk]
serpent (m) à sonnettes	skallerorm (en)	['skalʲerˌʊrm]
anaconda (m)	anaconda (en)	[ana'kɔnda]
lézard (m)	ödla (en)	['ødlʲa]
iguane (m)	iguana (en)	[igu'ana]
varan (m)	varan (en)	[va'ran]
salamandre (f)	salamander (en)	[salʲa'mandər]
caméléon (m)	kameleont (en)	[kamelʲe'ɔnt]
scorpion (m)	skorpion (en)	[skɔrpi'ʊn]
tortue (f)	sköldpadda (en)	['ɧœlʲdˌpada]
grenouille (f)	groda (en)	['grʊda]
crapaud (m)	padda (en)	['pada]
crocodile (m)	krokodil (en)	[krɔkɔ'dilʲ]

93. Les insectes

insecte (m)	insekt (en)	['insɛkt]
papillon (m)	fjäril (en)	['fʲæːrilʲ]
fourmi (f)	myra (en)	['myra]
mouche (f)	fluga (en)	['flɵːga]
moustique (m)	mygga (en)	['mɤga]
scarabée (m)	skalbagge (en)	['skalʲˌbagə]
guêpe (f)	geting (en)	['jɛtiŋ]
abeille (f)	bi (ett)	['bi]
bourdon (m)	humla (en)	['humlʲa]
œstre (m)	styngfluga (en)	['stɤŋˌflɵːga]
araignée (f)	spindel (en)	['spindəlʲ]
toile (f) d'araignée	spindelnät (ett)	['spindəlˌnɛːt]

libellule (f)	**trollslända (en)**	['trɔlˌslʲɛnda]
sauterelle (f)	**gräshoppa (en)**	['grɛsˌhɔpa]
papillon (m)	**nattfjäril (en)**	['natˌfjæːrilʲ]
cafard (m)	**kackerlacka (en)**	['kakɛːˌlʲaka]
tique (f)	**fästing (en)**	['fɛstiŋ]
puce (f)	**loppa (en)**	['lʲɔpa]
moucheron (m)	**knott (ett)**	['knɔt]
criquet (m)	**vandringsgräs-hoppa (en)**	['vandriŋˌgrɛs 'hɔparə]
escargot (m)	**snigel (en)**	['snigəlʲ]
grillon (m)	**syrsa (en)**	['syşa]
luciole (f)	**lysmask (en)**	['lʲysˌmask]
coccinelle (f)	**nyckelpiga (en)**	['nʏkəlʲˌpiga]
hanneton (m)	**ollonborre (en)**	['ɔlʲɔnˌbɔrə]
sangsue (f)	**igel (en)**	['iːgəlʲ]
chenille (f)	**fjärilslarv (en)**	['fjæːrilʲsˌlʲarv]
ver (m)	**daggmask (en)**	['dagˌmask]
larve (f)	**larv (en)**	['lʲarv]

LA FLORE

T&P Books Publishing

arbre (m)	träd (ett)	['trɛ:d]
à feuilles caduques	löv-	['lʲøːv-]
conifère (adj)	barr-	['bar-]
à feuilles persistantes	eviggrönt	['ɛvi̩grœnt]
pommier (m)	äppelträd (ett)	['ɛpelʲ̩trɛd]
poirier (m)	päronträd (ett)	['pɛ:rɔn̩trɛd]
merisier (m)	fågelbärsträd (ett)	['fo:gəlʲbæ:ʂ̩trɛd]
cerisier (m)	körsbärsträd (ett)	['ɕø:ʂbæ:ʂ̩trɛd]
prunier (m)	plommonträd (ett)	['plʲumɔn̩trɛd]
bouleau (m)	björk (en)	['bjœrk]
chêne (m)	ek (en)	['ɛk]
tilleul (m)	lind (en)	['lind]
tremble (m)	asp (en)	['asp]
érable (m)	lönn (en)	['lʲøn]
épicéa (m)	gran (en)	['gran]
pin (m)	tall (en)	['talʲ]
mélèze (m)	lärk (en)	['lʲæ:rk]
sapin (m)	silvergran (en)	['silʲvər̩gran]
cèdre (m)	ceder (en)	['sedər]
peuplier (m)	poppel (en)	['pɔpəlʲ]
sorbier (m)	rönn (en)	['rœn]
saule (m)	pil (en)	['pilʲ]
aune (m)	al (en)	['alʲ]
hêtre (m)	bok (en)	['bʊk]
orme (m)	alm (en)	['alʲm]
frêne (m)	ask (en)	['ask]
marronnier (m)	kastanjeträd (ett)	[ka'stanjə̩trɛd]
magnolia (m)	magnolia (en)	[maŋ'nʊlia]
palmier (m)	palm (en)	['palʲm]
cyprès (m)	cypress (en)	[sɣ'prɛs]
palétuvier (m)	mangroveträd (ett)	[maŋ'rɔvə̩trɛd]
baobab (m)	apbrödsträd (ett)	['apbrøds̩trɛd]
eucalyptus (m)	eukalyptus (en)	[euka'lʲyptʊs]
séquoia (m)	sequoia (en)	[sek'vɔja]

95. Les arbustes

buisson (m)	buske (en)	['buskə]
arbrisseau (m)	buske (en)	['buskə]
vigne (f)	vinranka (en)	['vin‚raŋka]
vigne (f) (vignoble)	vingård (en)	['vin‚go:d̪]
framboise (f)	hallonsnår (ett)	['halʲɔn‚sno:r]
cassis (m)	svarta vinbär (ett)	['sva:ʈa 'vinbæ:r]
groseille (f) rouge	röd vinbärsbuske (en)	['rø:d 'vinbæ:ʂ‚buskə]
groseille (f) verte	krusbärsbuske (en)	['krʉ:sbæ:ʂ‚buskə]
acacia (m)	akacia (en)	[a'kasia]
berbéris (m)	berberis (en)	['bɛrberis]
jasmin (m)	jasmin (en)	[has'min]
genévrier (m)	en (en)	['en]
rosier (m)	rosenbuske (en)	['rʉsən‚buskə]
églantier (m)	stenros, hundros (en)	['stenrʊs], ['hundrʊs]

96. Les fruits. Les baies

fruit (m)	frukt (en)	['frʉkt]
fruits (m pl)	frukter (pl)	['frʉktər]
pomme (f)	äpple (ett)	['ɛplʲe]
poire (f)	päron (ett)	['pæ:rɔn]
prune (f)	plommon (ett)	['plʲʊmɔn]
fraise (f)	jordgubbe (en)	['jʉ:d̪‚gubə]
cerise (f)	körsbär (ett)	['çø:ʂ‚bæ:r]
merise (f)	fågelbär (ett)	['fo:gəlʲ‚bæ:r]
raisin (m)	druva (en)	['drʉ:va]
framboise (f)	hallon (ett)	['halʲɔn]
cassis (m)	svarta vinbär (ett)	['sva:ʈa 'vinbæ:r]
groseille (f) rouge	röda vinbär (ett)	['rø:da 'vinbæ:r]
groseille (f) verte	krusbär (ett)	['krʉ:s‚bæ:r]
canneberge (f)	tranbär (ett)	['tran‚bæ:r]
orange (f)	apelsin (en)	[apɛlʲ'sin]
mandarine (f)	mandarin (en)	[manda'rin]
ananas (m)	ananas (en)	['ananas]
banane (f)	banan (en)	['banan]
datte (f)	dadel (en)	['dadəlʲ]
citron (m)	citron (en)	[si'trʊn]
abricot (m)	aprikos (en)	[apri'kʊs]
pêche (f)	persika (en)	['pɛʂika]

kiwi (m)	kiwi (en)	['kivi]
pamplemousse (m)	grapefrukt (en)	['grɛjpˌfrʉkt]
baie (f)	bär (ett)	['bæːr]
baies (f pl)	bär (pl)	['bæːr]
airelle (f) rouge	lingon (ett)	['liŋɔn]
fraise (f) des bois	skogssmultron (ett)	['skʉgsˌsmulʲtrɔːn]
myrtille (f)	blåbär (ett)	['blʲoːˌbæːr]

97. Les fleurs. Les plantes

fleur (f)	blomma (en)	['blʲʊma]
bouquet (m)	bukett (en)	[bʉ'kɛt]
rose (f)	ros (en)	['rʊs]
tulipe (f)	tulpan (en)	[tulʲ'pan]
oeillet (m)	nejlika (en)	['nɛjlika]
glaïeul (m)	gladiolus (en)	[glʲadi'ɔlʉːs]
bleuet (m)	blåklint (en)	['blʲoːˌklint]
campanule (f)	blåklocka (en)	['blʲoːˌklʲɔka]
dent-de-lion (f)	maskros (en)	['maskrʊs]
marguerite (f)	kamomill (en)	[kamɔ'milʲ]
aloès (m)	aloe (en)	['alʲʊe]
cactus (m)	kaktus (en)	['kaktus]
ficus (m)	fikus (en)	['fikus]
lis (m)	lilja (en)	['lilja]
géranium (m)	geranium (en)	[je'ranium]
jacinthe (f)	hyacint (en)	[hya'sint]
mimosa (m)	mimosa (en)	[mi'mɔːsa]
jonquille (f)	narciss (en)	[nar'sis]
capucine (f)	blomsterkrasse (en)	['blʲɔmstərˌkrasə]
orchidée (f)	orkidé (en)	[ɔrki'deː]
pivoine (f)	pion (en)	[pi'ʊn]
violette (f)	viol (en)	[vi'ʊlʲ]
pensée (f)	styvmorsviol (en)	['styvmʉrs vi'ʊlʲ]
myosotis (m)	förgätmigej (en)	[føˌrʲæt mi 'gej]
pâquerette (f)	tusensköna (en)	['tʉːsənˌɧøːna]
coquelicot (m)	vallmo (en)	['valʲmʊ]
chanvre (m)	hampa (en)	['hampa]
menthe (f)	mynta (en)	['mʏnta]
muguet (m)	liljekonvalje (en)	['lilje kʊn 'valjə]
perce-neige (f)	snödropp (en)	['snøːˌdrop]

ortie (f)	**nässla (en)**	['nɛslʲa]
oseille (f)	**syra (en)**	['syra]
nénuphar (m)	**näckros (en)**	['nɛkrʊs]
fougère (f)	**ormbunke (en)**	['ʊrm‚buŋkə]
lichen (m)	**lav (en)**	['lʲav]
serre (f) tropicale	**drivhus (ett)**	['driv‚hʉs]
gazon (m)	**gräsplan, gräsmatta (en)**	['grɛs‚plan], ['grɛs‚mata]
parterre (m) de fleurs	**blomsterrabatt (en)**	['blʲomstər‚rabat]
plante (f)	**växt (en)**	['vɛkst]
herbe (f)	**gräs (ett)**	['grɛ:s]
brin (m) d'herbe	**grässtrå (ett)**	['grɛ:s‚stro:]
feuille (f)	**löv (ett)**	['lʲø:v]
pétale (m)	**kronblad (ett)**	['krɔn‚blʲad]
tige (f)	**stjälk (en)**	['ɧɛlʲk]
tubercule (m)	**rotknöl (en)**	['rʊt‚knø:lʲ]
pousse (f)	**ung planta (en)**	['uŋ 'planta]
épine (f)	**törne (ett)**	['tø:ŋə]
fleurir (vi)	**att blomma**	[at 'blʲʊma]
se faner (vp)	**att vissna**	[at 'visna]
odeur (f)	**lukt (en)**	['lʲʊkt]
couper (vt)	**att skära av**	[at 'ɧæ:ra av]
cueillir (fleurs)	**att plocka**	[at 'plʲɔka]

98. Les céréales

grains (m pl)	**korn, spannmål (ett)**	['kʊ:ŋ], ['span‚mo:lʲ]
céréales (f pl) (plantes)	**spannmål (ett)**	['span‚mo:lʲ]
épi (m)	**ax (ett)**	['aks]
blé (m)	**vete (ett)**	['vetə]
seigle (m)	**råg (en)**	['ro:g]
avoine (f)	**havre (en)**	['havrə]
millet (m)	**hirs (en)**	['hyʂ]
orge (f)	**korn (ett)**	['kʊ:ŋ]
maïs (m)	**majs (en)**	['majs]
riz (m)	**ris (ett)**	['ris]
sarrasin (m)	**bovete (ett)**	['bʊ‚vetə]
pois (m)	**ärt (en)**	['æ:ʈ]
haricot (m)	**böna (en)**	['bøna]
soja (m)	**soja (en)**	['sɔja]
lentille (f)	**lins (en)**	['lins]
fèves (f pl)	**bönor (pl)**	['bønʊr]

BOOKS

T&p

LES PAYS DU MONDE

T&P Books Publishing

Afghanistan (m)	**Afghanistan**	[afˈganiˌstan]
Albanie (f)	**Albanien**	[alⁱˈbaniən]
Allemagne (f)	**Tyskland**	[ˈtʏsklⁱand]
Angleterre (f)	**England**	[ˈɛŋlⁱand]
Arabie (f) Saoudite	**Saudiarabien**	[ˈsaudi aˈrabiən]
Argentine (f)	**Argentina**	[argɛnˈtina]
Arménie (f)	**Armenien**	[arˈmeniən]
Australie (f)	**Australien**	[auˈstraliən]
Autriche (f)	**Österrike**	[ˈœstɛˌrikə]
Azerbaïdjan (m)	**Azerbajdzjan**	[asɛrbajˈdʒⁱan]
Bahamas (f pl)	**Bahamas**	[baˈhamas]
Bangladesh (m)	**Bangladesh**	[banglⁱaˈdɛʃ]
Belgique (f)	**Belgien**	[ˈbɛlⁱgiən]
Biélorussie (f)	**Vitryssland**	[ˈvitˌrʏslⁱand]
Bolivie (f)	**Bolivia**	[buˈlivia]
Bosnie (f)	**Bosnien-Hercegovina**	[ˈbɔsniən hɛrsəgɔˈvina]
Brésil (m)	**Brasilien**	[braˈsiliən]
Bulgarie (f)	**Bulgarien**	[buⱡⱡⁱˈgariən]
Cambodge (m)	**Kambodja**	[kamˈbɔdja]
Canada (m)	**Kanada**	[ˈkanada]
Chili (m)	**Chile**	[ˈɕiːlⁱe]
Chine (f)	**Kina**	[ˈɕina]
Chypre (m)	**Cypern**	[ˈsypɛːɳ]
Colombie (f)	**Colombia**	[kɔˈlⁱʊmbia]
Corée (f) du Nord	**Nordkorea**	[ˈnuːɖ kʊˈrea]
Corée (f) du Sud	**Sydkorea**	[ˈsydˌkʊˈrea]
Croatie (f)	**Kroatien**	[krʊˈatiən]
Cuba (f)	**Kuba**	[ˈkʉːba]
Danemark (m)	**Danmark**	[ˈdaŋmark]
Écosse (f)	**Skottland**	[ˈskɔtlⁱand]
Égypte (f)	**Egypten**	[eˈjyptən]
Équateur (m)	**Ecuador**	[ɛkvaˈdʊr]
Espagne (f)	**Spanien**	[ˈspaniən]
Estonie (f)	**Estland**	[ˈɛstlⁱand]
Les États Unis	**Amerikas Förenta Stater**	[aˈmɛrikas føˈrɛnta ˈstatər]
Fédération (f) des Émirats Arabes Unis	**Förenade arabrepubliken**	[føˈrenadə aˈrab repubˈlikən]
Finlande (f)	**Finland**	[ˈfinlⁱand]
France (f)	**Frankrike**	[ˈfraŋkrikə]
Géorgie (f)	**Georgien**	[jeˈɔrgiən]
Ghana (m)	**Ghana**	[ˈgana]

| Grande-Bretagne (f) | Storbritannien | ['stʊrˌbriˈtaniən] |
| Grèce (f) | Grekland | ['greklʲand] |

100. Les pays du monde. Partie 2

Haïti (m)	Haiti	[haˈiti]
Hongrie (f)	Ungern	['ʊŋɛːŋ]
Inde (f)	Indien	['indiən]
Indonésie (f)	Indonesien	[indʊˈnesiən]
Iran (m)	Iran	[iˈran]
Iraq (m)	Irak	[iˈrak]
Irlande (f)	Irland	['iˈlʲand]
Islande (f)	Island	['islʲand]
Israël (m)	Israel	['israəlʲ]
Italie (f)	Italien	[iˈtaliən]
Jamaïque (f)	Jamaica	[jaˈmajka]
Japon (m)	Japan	['japan]
Jordanie (f)	Jordanien	[jʊːˈɖaniən]
Kazakhstan (m)	Kazakstan	[kaˈsakˌstan]
Kenya (m)	Kenya	['kenja]
Kirghizistan (m)	Kirgizistan	[kirˈgisiˌstan]
Koweït (m)	Kuwait	[kʉˈvajt]
Laos (m)	Laos	['lʲaɔs]
Lettonie (f)	Lettland	['lʲetlʲand]
Liban (m)	Libanon	['libanɔn]
Libye (f)	Libyen	['libiən]
Liechtenstein (m)	Liechtenstein	['lihtənstajn]
Lituanie (f)	Litauen	[liˈtauən]
Luxembourg (m)	Luxemburg	['lʉksəmˌburj]
Macédoine (f)	Makedonien	[makeˈdʊniən]
Madagascar (f)	Madagaskar	[madaˈgaskar]
Malaisie (f)	Malaysia	[maˈlʲajsla]
Malte (f)	Malta	['malʲta]
Maroc (m)	Marocko	[maˈrɔkʊ]
Mexique (m)	Mexiko	['mɛksikɔ]
Moldavie (f)	Moldavien	[mʊlʲˈdaviən]
Monaco (m)	Monaco	['mɔnakɔ]
Mongolie (f)	Mongoliet	[mʊngʊˈliet]
Monténégro (m)	Montenegro	['mɔnteˌnɛgrʊ]
Myanmar (m)	Myanmar	['mjanmar]
Namibie (f)	Namibia	[naˈmibia]
Népal (m)	Nepal	[neˈpalʲ]
Norvège (f)	Norge	['nɔrjə]
Nouvelle Zélande (f)	Nya Zeeland	['nya 'seːlʲand]
Ouzbékistan (m)	Uzbekistan	[ʉsˈbekiˌstan]

101. Les pays du monde. Partie 3

Pakistan (m)	Pakistan	['paki‚stan]
Palestine (f)	Palestina	[palʲe'stina]
Panamá (m)	Panama	['panama]
Paraguay (m)	Paraguay	[parag'waj]
Pays-Bas (m)	Nederländerna	['nedɛ:‚lʲɛndɛ:ŋa]
Pérou (m)	Peru	[pɛ'rʉ]
Pologne (f)	Polen	['polʲen]
Polynésie (f) Française	Franska Polynesien	['franska polʲy'nesiən]
Portugal (m)	Portugal	['pɔ:tugalʲ]
République (f) Dominicaine	Dominikanska republiken	[dɔmini'kanska repu'blikən]
République (f) Sud-africaine	Republiken Sydafrika	[repu'bliken 'syd‚afrika]
République (f) Tchèque	Tjeckien	['ɕɛkiən]
Roumanie (f)	Rumänien	[rʉ'mɛ:niən]
Russie (f)	Ryssland	['rʏslʲand]
Sénégal (m)	Senegal	[sene'galʲ]
Serbie (f)	Serbien	['sɛrbiən]
Slovaquie (f)	Slovakien	[slʲɔ'vakiən]
Slovénie (f)	Slovenien	[slʲɔ'veniən]
Suède (f)	Sverige	['svɛrijə]
Suisse (f)	Schweiz	['ʃvejts]
Surinam (m)	Surinam	['sʉri‚nam]
Syrie (f)	Syrien	['syriən]
Tadjikistan (m)	Tadzjikistan	[ta'dʒiki‚stan]
Taïwan (m)	Taiwan	[taj'van]
Tanzanie (f)	Tanzania	[tansa'nija]
Tasmanie (f)	Tasmanien	[tas'maniən]
Thaïlande (f)	Thailand	['tajlʲand]
Tunisie (f)	Tunisien	[tʉ'nisiən]
Turkménistan (m)	Turkmenistan	[turk'meni‚stan]
Turquie (f)	Turkiet	[turkiet]
Ukraine (f)	Ukraina	[u'krajna]
Uruguay (m)	Uruguay	[ʉrug'waj]
Vatican (m)	Vatikanstaten	[vati'kan‚statən]
Venezuela (f)	Venezuela	[venesu'ɛlʲa]
Vietnam (m)	Vietnam	['vjɛtnam]
Zanzibar (m)	Zanzibar	['sansibar]

GLOSSAIRE
GASTRONOMIQUE

Cette section contient
beaucoup de mots associés
à la nourriture. Ce dictionnaire
vous facilitera la tâche
de comprendre le menu
et de commander le bon plat
au restaurant

T&P Books Publishing

Français-Suédois glossaire gastronomique

épi (m)	ax (ett)	['aks]
épice (f)	krydda (en)	['krʏda]
épinard (m)	spenat (en)	[spe'nat]
œuf (m)	ägg (ett)	['ɛg]
abricot (m)	aprikos (en)	[apri'kʊs]
addition (f)	nota (en)	['nʊta]
ail (m)	vitlök (en)	['vit͜ˡø:k]
airelle (f) rouge	lingon (ett)	['liŋɔn]
amande (f)	mandel (en)	['mandəlˡ]
amanite (f) tue-mouches	flugsvamp (en)	['flʉ:g͜svamp]
amer (adj)	bitter	['bitər]
ananas (m)	ananas (en)	['ananas]
anguille (f)	ål (en)	['o:lˡ]
anis (m)	anis (en)	['anis]
apéritif (m)	aperitif (en)	[aperi'tif]
appétit (m)	aptit (en)	['aptit]
arrière-goût (m)	bismak (en)	['bismak]
artichaut (m)	kronärtskocka (en)	['krʊnæ:t͜skɔka]
asperge (f)	sparris (en)	['sparis]
assiette (f)	tallrik (en)	['talˡrik]
aubergine (f)	aubergine (en)	[ɔbɛr'ʒin]
avec de la glace	med is	[me 'is]
avocat (m)	avokado (en)	[avɔ'kadʊ]
avoine (f)	havre (en)	['havrə]
bacon (m)	bacon (ett)	['bɛjkɔn]
baie (f)	bär (ett)	['bæ:r]
baies (f pl)	bär (pl)	['bæ:r]
banane (f)	banan (en)	['banan]
bar (m)	bar (en)	['bar]
barman (m)	bartender (en)	['ba:ˌʈɛndər]
basilic (m)	basilika (en)	[ba'silika]
betterave (f)	rödbeta (en)	['rø:dˌbeta]
beurre (m)	smör (ett)	['smœ:r]
bière (f)	öl (ett)	['ø:lˡ]
bière (f) blonde	ljust öl (ett)	['jʉ:stˌø:lˡ]
bière (f) brune	mörkt öl (ett)	['mœ:rktˌø:lˡ]
biscuit (m)	småkakor (pl)	['smɔ:kakʊr]
blé (m)	vete (ett)	['vete]
blanc (m) d'œuf	äggvita (en)	['ɛgˌvi:ta]
boisson (f) non alcoolisée	alkoholfri dryck (en)	[alˡkʊ'hɔlˡfri 'drʏk]
boissons (f pl) alcoolisées	alkoholhaltiga drycker (pl)	[alˡkʊ'hɔlˡˌhalˡtiga 'drʏkər]
bolet (m) bai	björksopp (en)	['bjœrkˌsɔp]

bolet (m) orangé	**aspsopp (en)**	['asp,sɔp]
bon (adj)	**läcker**	['lʲɛkər]
Bon appétit!	**Smaklig måltid!**	['smaklig 'mo:lʲtid]
bonbon (m)	**konfekt, karamell (en)**	[kɔn'fɛkt], [kara'mɛlʲ]
bouillie (f)	**gröt (en)**	['grø:t]
bouillon (m)	**buljong (en)**	[bu'ljɔŋ]
brème (f)	**brax (en)**	['braks]
brochet (m)	**gädda (en)**	['jɛda]
brocoli (m)	**broccoli (en)**	['brɔkɔli]
cèpe (m)	**stensopp (en)**	['sten,sɔp]
céleri (m)	**selleri (en)**	['sɛlʲeri]
céréales (f pl)	**spannmål (ett)**	['span,mo:lʲ]
cacahuète (f)	**jordnöt (en)**	['juːd̪nø:t]
café (m)	**kaffe (ett)**	['kafə]
café (m) au lait	**kaffe med mjölk (ett)**	['kafə me mjœlʲk]
café (m) noir	**svart kaffe (ett)**	['sva:ʈ 'kafə]
café (m) soluble	**snabbkaffe (ett)**	['snab,kafə]
calamar (m)	**bläckfisk (en)**	['blʲɛk,fisk]
calorie (f)	**kalori (en)**	[kalʲo'ri:]
canard (m)	**anka (en)**	['aŋka]
canneberge (f)	**tranbär (ett)**	['tran,bæ:r]
cannelle (f)	**kanel (en)**	[ka'nelʲ]
cappuccino (m)	**cappuccino (en)**	['kaputʃinʊ]
carotte (f)	**morot (en)**	['mʊ,rʊt]
carpe (f)	**karp (en)**	['karp]
carte (f)	**meny (en)**	[me'ny]
carte (f) des vins	**vinlista (en)**	['vin,lista]
cassis (m)	**svarta vinbär (ett)**	['sva:ʈa 'vinbæ:r]
caviar (m)	**kaviar (en)**	['kav,jar]
cerise (f)	**körsbär (ett)**	['ɕø:s̪,bæ:r]
champagne (m)	**champagne (en)**	[ɧam'panʲ]
champignon (m)	**svamp (en)**	['svamp]
champignon (m) comestible	**matsvamp (en)**	['mat,svamp]
champignon (m) vénéneux	**giftig svamp (en)**	['jiftig ,svamp]
chaud (adj)	**het, varm**	['het], ['varm]
chocolat (m)	**choklad (en)**	[ɧɔk'lʲad]
chou (m)	**kål (en)**	['ko:lʲ]
chou (m) de Bruxelles	**brysselkål (en)**	['brʏsɛlʲ,ko:lʲ]
chou-fleur (m)	**blomkål (en)**	['blʲʊm,ko:lʲ]
citron (m)	**citron (en)**	[si'trʊn]
clou (m) de girofle	**nejlika (en)**	['nɛjlika]
cocktail (m)	**cocktail (en)**	['kɔktɛjlʲ]
cocktail (m) au lait	**milkshake (en)**	['milʲk,ʃɛjk]
cognac (m)	**konjak (en)**	['kɔnʲak]
concombre (m)	**gurka (en)**	['gurka]
condiment (m)	**krydda (en)**	['krʏda]
confiserie (f)	**konditorivaror (pl)**	[kɔnditʊ'ri:,varʊr]
confiture (f)	**sylt, marmelad (en)**	['sylʲt], [marme'lʲad]
confiture (f)	**sylt (en)**	['sylʲt]
congelé (adj)	**fryst**	['frʏst]

conserves (f pl)	konserv (en)	[kɔn'sɛrv]
coriandre (m)	koriander (en)	[kori'andər]
courgette (f)	squash, zucchini (en)	['skvɔːɕ], [su'kini]
couteau (m)	kniv (en)	['kniv]
crème (f)	grädde (en)	['grɛdə]
crème (f) aigre	gräddfil,	['grɛdfilʲ],
	syrad grädden (en)	[syrad 'gredən]
crème (f) au beurre	kräm (en)	['krɛm]
crabe (m)	krabba (en)	['kraba]
crevette (f)	räka (en)	['rɛːka]
crustacés (m pl)	kräftdjur (pl)	['krɛftˌjuːr]
cuillère (f)	sked (en)	['ʃed]
cuillère (f) à soupe	matsked (en)	['matˌʃed]
cuisine (f)	kök (ett)	['ɕøːk]
cuisse (f)	skinka (en)	['ʃiŋka]
cuit à l'eau (adj)	kokt	['kʊkt]
cumin (m)	kummin (en)	['kumin]
cure-dent (m)	tandpetare (en)	['tandˌpetarə]
déjeuner (m)	lunch (en)	['lʉnɕ]
dîner (m)	kvällsmat (en)	['kvɛlʲsˌmat]
datte (f)	dadel (en)	['dadəlʲ]
dessert (m)	dessert (en)	[dɛ'sɛːr]
dinde (f)	kalkon (en)	[kalʲ'kʊn]
du bœuf	oxkött, nötkött (ett)	['ʊksˌɕœt], ['nøːtˌɕœt]
du mouton	lammkött (ett)	['lʲamˌɕœt]
du porc	fläsk (ett)	['flʲɛsk]
du veau	kalvkött (en)	['kalʲvˌɕœt]
eau (f)	vatten (ett)	['vatən]
eau (f) minérale	mineralvatten (ett)	[mine'ralʲˌvatən]
eau (f) potable	dricksvatten (ett)	['driksˌvatən]
en chocolat (adj)	choklad-	[ʃɔk'lʲad-]
esturgeon (m)	stör (en)	['støːr]
fèves (f pl)	bönor (pl)	['bønʊr]
farce (f)	köttfärs (en)	['ɕœtˌfæːʂ]
farine (f)	mjöl (ett)	['mjøːlʲ]
fenouil (m)	dill (en)	['dilʲ]
feuille (f) de laurier	lagerblad (ett)	['lʲagərˌblʲad]
figue (f)	fikon (ett)	['fikɔn]
flétan (m)	hälleflundra (en)	['hɛlʲeˌflʊndra]
flet (m)	rödspätta (en)	['røːdˌspæta]
foie (m)	lever (en)	['lʲevər]
fourchette (f)	gaffel (en)	['gafəlʲ]
fraise (f)	jordgubbe (en)	['jʉːdˌgubə]
fraise (f) des bois	skogssmultron (ett)	['skʊgsˌsmulʲtrɔːn]
framboise (f)	hallon (ett)	['halʲɔn]
frit (adj)	stekt	['stɛkt]
froid (adj)	kall	['kalʲ]
fromage (m)	ost (en)	['ʊst]
fruit (m)	frukt (en)	['frukt]
fruits (m pl)	frukter (pl)	['fruktər]
fruits (m pl) de mer	fisk och skaldjur	['fisk ɔ 'skalʲˌjuːr]
fumé (adj)	rökt	['rœkt]

gâteau (m)	kaka, bakelse (en)	['kaka], ['bakəlˌsə]
gâteau (m)	paj (en)	['paj]
garniture (f)	fyllning (en)	['fylˡniŋ]
garniture (f)	tillbehör (ett)	['tilˡbeˌhør]
gaufre (f)	våffle (en)	['vofˡe]
gazeuse (adj)	kolsyrat	['kolˌsyrat]
gibier (m)	vilt (ett)	['vilˡt]
gin (m)	gin (ett)	['dʒin]
gingembre (m)	ingefära (en)	['iŋəˌfæ:ra]
girolle (f)	kantarell (en)	[kanta'rɛlˡ]
glace (f)	is (en)	['is]
glace (f)	glass (en)	['glˡas]
glucides (m pl)	kolhydrater (pl)	['kolˡhyˌdratər]
goût (m)	smak (en)	['smak]
gomme (f) à mâcher	tuggummi (ett)	['tugˌgumi]
grains (m pl)	korn, spannmål (ett)	['kʊ:ɳ], ['spanˌmo:lˡ]
grenade (f)	granatäpple (en)	[gra'natˌɛplˡe]
groseille (f) rouge	röda vinbär (ett)	['rø:da 'vinbæ:r]
groseille (f) verte	krusbär (ett)	['krʉ:sˌbæ:r]
gruau (m)	gryn (en)	['gryn]
hamburger (m)	hamburgare (en)	['hamburgarə]
hareng (m)	sill (en)	['silˡ]
haricot (m)	böna (en)	['bøna]
hors-d'œuvre (m)	förrätt (en)	['fœ:ræt]
huître (f)	ostron (ett)	['ʊstrʊn]
huile (f) d'olive	olivolja (en)	[ʊ'livˌolja]
huile (f) de tournesol	solrosolja (en)	['sʊlˡrʊsˌolja]
huile (f) végétale	vegetabilisk olja (en)	[vegeta'bilisk 'olja]
jambon (m)	skinka (en)	['ɧiŋka]
jaune (m) d'œuf	äggula (en)	['ɛgˌʉ:lˡa]
jus (m)	juice (en)	['ju:s]
jus (m) d'orange	apelsinjuice (en)	[apɛlˡ'sinˌju:s]
jus (m) de tomate	tomatjuice (en)	[tʊ'matju:s]
jus (m) pressé	nypressad juice (en)	['nyˌprɛsad 'ju:s]
kiwi (m)	kiwi (en)	['kivi]
légumes (m pl)	grönsaker (pl)	['grø:nˌsakər]
lait (m)	mjölk (en)	['mjœlˡk]
lait (m) condensé	kondenserad mjölk (en)	[kɔndɛn'serad ˌmjɔɔlˡk]
laitue (f), salade (f)	sallad (en)	['salˡad]
langoustine (f)	languster (en)	[lˡaŋ'gustər]
langue (f)	tunga (en)	['tuŋa]
lapin (m)	kanin (en)	[ka'nin]
lentille (f)	lins (en)	['lins]
les œufs	ägg (pl)	['ɛg]
les œufs brouillés	stekt ägg (en)	['stɛkt ˌɛg]
limonade (f)	lemonad (en)	[lˡemɔ'nad]
lipides (m pl)	fett (ett)	['fɛt]
liqueur (f)	likör (en)	[li'kø:r]
mûre (f)	björnbär (ett)	['bjø:ɳˌbæ:r]
maïs (m)	majs (en)	['majs]
maïs (m)	majs (en)	['majs]
mandarine (f)	mandarin (en)	[manda'rin]

mangue (f)	mango (en)	['maŋgʊ]
maquereau (m)	makrill (en)	['makrilʲ]
margarine (f)	margarin (ett)	[marga'rin]
mariné (adj)	sylt-	['sylʲt-]
marmelade (f)	marmelad (en)	[marme'lʲad]
melon (m)	melon (en)	[me'lʲʊn]
merise (f)	fågelbär (ett)	['fo:gəlʲˌbæ:r]
miel (m)	honung (en)	['hɔnuŋ]
miette (f)	smula (en)	['smulʲa]
millet (m)	hirs (en)	['hyʂ]
morceau (m)	bit (en)	['bit]
morille (f)	murkla (en)	['mʉ:rklʲa]
morue (f)	torsk (en)	['tɔ:ʂk]
moutarde (f)	senap (en)	['se:nap]
myrtille (f)	blåbär (ett)	['blʲo:ˌbæ:r]
navet (m)	rova (en)	['rʊva]
noisette (f)	hasselnöt (en)	['hasəlʲˌnø:t]
noix (f)	valnöt (en)	['valʲˌnø:t]
noix (f) de coco	kokosnöt (en)	['kʊkʊsˌnø:t]
nouilles (f pl)	nudlar (pl)	['nu:dlʲar]
nourriture (f)	mat (en)	['mat]
oie (f)	gås (en)	['go:s]
oignon (m)	lök (en)	['lʲø:k]
olives (f pl)	oliver (pl)	[ʊ:'livər]
omelette (f)	omelett (en)	[ɔmə'lʲet]
orange (f)	apelsin (en)	[apɛlʲ'sin]
orge (f)	korn (ett)	['kʊ:ŋ]
oronge (f) verte	lömsk flugsvamp (en)	['lʲømsk 'flʉ:gˌsvamp]
ouvre-boîte (m)	burköppnare (en)	['burkˌøpnarə]
ouvre-bouteille (m)	flasköppnare (en)	['flʲaskˌøpnarə]
pâté (m)	paté (en)	[pa'te]
pâtes (m pl)	pasta (en), makaroner (pl)	['pasta], [maka'rʊnər]
pétales (m pl) de maïs	cornflakes (pl)	['kɔ:ɳˌflɛjks]
pétillante (adj)	kolsyrat	['kɔlʲˌsyrat]
pêche (f)	persika (en)	['pɛʂika]
pain (m)	bröd (ett)	['brø:d]
pamplemousse (m)	grapefrukt (en)	['grɛjpˌfrukt]
papaye (f)	papaya (en)	[pa'paja]
paprika (m)	paprika (en)	['paprika]
pastèque (f)	vattenmelon (en)	['vatənˌme'lʲʊn]
peau (f)	skal (ett)	['skalʲ]
perche (f)	ábborre (en)	['abɔrə]
persil (m)	persilja (en)	[pɛ'ʂilʲja]
petit déjeuner (m)	frukost (en)	['fru:kɔst]
petite cuillère (f)	tesked (en)	['teˌʃed]
pistaches (f pl)	pistaschnötter (pl)	['pistaʃˌnœtər]
pizza (f)	pizza (en)	['pitsa]
plat (m)	rätt (en)	['ræt]
plate (adj)	icke kolsyrat	['ikə 'kɔlʲˌsyrat]
poire (f)	päron (ett)	['pæ:rɔn]
pois (m)	ärter (pl)	['æ:ˌtər]

poisson (m)	**fisk (en)**	['fisk]
poivre (m) noir	**svartpeppar (en)**	['sva:t̪ˌpɛpar]
poivre (m) rouge	**rödpeppar (en)**	['rø:d̪ˌpɛpar]
poivron (m)	**peppar (en)**	['pɛpar]
pomme (f)	**äpple (ett)**	['ɛplʲe]
pomme (f) de terre	**potatis (en)**	[pʊ'tatis]
portion (f)	**portion (en)**	[pɔ:'t̪ɧʊn]
potiron (m)	**pumpa (en)**	['pumpa]
poulet (m)	**höna (en)**	['hø:na]
pourboire (m)	**dricks (en)**	['driks]
protéines (f pl)	**proteiner (pl)**	[prɔte'i:nər]
prune (f)	**plommon (ett)**	['plʲʊmɔn]
pudding (m)	**pudding (en)**	['pudiŋ]
purée (f)	**potatismos (ett)**	[pʊ'tatisˌmʊs]
régime (m)	**diet (en)**	[di'et]
radis (m)	**rädisa (en)**	['rɛ:disa]
rafraîchissement (m)	**läskedryck (en)**	['lɛskəˌdrik]
raifort (m)	**pepparrot (en)**	['pɛpaˌrʊt]
raisin (m)	**druva (en)**	['drʉ:va]
raisin (m) sec	**russin (ett)**	['rusin]
recette (f)	**recept (ett)**	[re'sɛpt]
requin (m)	**haj (en)**	['haj]
rhum (m)	**rom (en)**	['rɔm]
riz (m)	**ris (ett)**	['ris]
russule (f)	**kremla (en)**	['krɛmlʲa]
sésame (m)	**sesam (en)**	['sesam]
safran (m)	**saffran (en)**	['safran]
salé (adj)	**salt**	['salʲt]
salade (f)	**sallad (en)**	['salʲad]
sandre (f)	**gös (en)**	['jø:s]
sandwich (m)	**smörgås (en)**	['smœrˌgo:s]
sans alcool	**alkoholfri**	[alʲkʊ'hɔlʲˌfri:]
sardine (f)	**sardin (en)**	[sa:'dʲi:n]
sarrasin (m)	**bovete (ett)**	['bʊˌvetə]
sauce (f)	**sås (en)**	['so:s]
sauce (f) mayonnaise	**majonnäs (en)**	[majo'nɛs]
saucisse (f)	**wienerkorv (en)**	['viŋɛrˌkɔrv]
saucisson (m)	**korv (en)**	[ˈkɔrv]
saumon (m)	**lax (en)**	['lʲaks]
saumon (m) atlantique	**atlanterhavslax (en)**	[at'lantərhavˌlʲaks]
sec (adj)	**torkad**	['tɔrkad]
seigle (m)	**råg (en)**	['ro:g]
sel (m)	**salt (ett)**	['salʲt]
serveur (m)	**servitör (en)**	[sɛrvi'tø:r]
serveuse (f)	**servitris (en)**	[sɛrvi'tris]
silure (m)	**mal (en)**	['malʲ]
soja (m)	**soja (en)**	['sɔja]
soucoupe (f)	**tefat (ett)**	['teˌfat]
soupe (f)	**soppa (en)**	['sɔpa]
spaghettis (m pl)	**spagetti**	[spa'gɛti]
steak (m)	**biffstek (en)**	['bifˌstɛk]
sucré (adj)	**söt**	['sø:t]

sucre (m)	**socker (ett)**	['sɔkər]
tarte (f)	**tårta (en)**	['toːʈa]
tasse (f)	**kopp (en)**	['kɔp]
thé (m)	**te (ett)**	['teː]
thé (m) noir	**svart te (ett)**	['svaːʈ ˌteː]
thé (m) vert	**grönt te (ett)**	['grœnt teː]
thon (m)	**tonfisk (en)**	['tʊnˌfisk]
tire-bouchon (m)	**korkskruv (en)**	['kɔrkˌskrʉːv]
tomate (f)	**tomat (en)**	[tʊ'mat]
tranche (f)	**skiva (en)**	['ɧiva]
truite (f)	**öring (en)**	['øːriŋ]
végétarien (adj)	**vegetarisk**	[vege'tarisk]
végétarien (m)	**vegetarian (en)**	[vegetiri'an]
verdure (f)	**grönsaker (pl)**	['grøːnˌsakər]
vermouth (m)	**vermouth (en)**	['vɛrmut]
verre (m)	**glas (ett)**	['glʲas]
verre (m) à vin	**vinglas (ett)**	['vinˌglʲas]
viande (f)	**kött (ett)**	['ɕœt]
vin (m)	**vin (ett)**	['vin]
vin (m) blanc	**vitvin (ett)**	['vitˌvin]
vin (m) rouge	**rödvin (ett)**	['røːdˌvin]
vinaigre (m)	**ättika (en)**	['ætika]
vitamine (f)	**vitamin (ett)**	[vita'min]
vodka (f)	**vodka (en)**	['vodka]
whisky (m)	**whisky (en)**	['viski]
yogourt (m)	**yoghurt (en)**	['joːgʉːt]

Suédois-Français glossaire gastronomique

ábborre (en)	['abɔrə]	perche (f)
ägg (ett)	['ɛg]	œuf (m)
ägg (pl)	['ɛg]	les œufs
äggula (en)	['ɛg‚ʉːlʲa]	jaune (m) d'œuf
äggvita (en)	['ɛg‚viːta]	blanc (m) d'œuf
äpple (ett)	['ɛplʲe]	pomme (f)
ärter (pl)	['æːʈər]	pois (m)
ättika (en)	['ætika]	vinaigre (m)
ål (en)	['oːlʲ]	anguille (f)
öl (ett)	['øːlʲ]	bière (f)
öring (en)	['øːrin]	truite (f)
alkoholfri	[alʲkʊ'hɔlʲ‚friː]	sans alcool
alkoholfri dryck (en)	[alʲkʊ'hɔlʲfri 'drʏk]	boisson (f) non alcoolisée
alkoholhaltiga drycker (pl)	[alʲkʊ'hɔlʲ‚halʲtiga 'drʏkər]	boissons (f pl) alcoolisées
ananas (en)	['ananas]	ananas (m)
anis (en)	['anis]	anis (m)
anka (en)	['aŋka]	canard (m)
apelsin (en)	[apɛlʲ'sin]	orange (f)
apelsinjuice (en)	[apɛlʲ'sinˌjuːs]	jus (m) d'orange
aperitif (en)	[aperi'tif]	apéritif (m)
aprikos (en)	[apri'kʊs]	abricot (m)
aptit (en)	['aptit]	appétit (m)
aspsopp (en)	['asp‚sɔp]	bolet (m) orangé
atlanterhavslax (en)	[at'lantərhav‚lʲaks]	saumon (m) atlantique
aubergine (en)	[ɔbɛr'ʒin]	aubergine (f)
avokado (en)	[avɔ'kadʊ]	avocat (m)
ax (ett)	[ˈaks]	ópi (m)
bär (ett)	['bæːr]	baie (f)
bär (pl)	['bæːr]	baies (f pl)
böna (en)	['bøna]	haricot (m)
bönor (pl)	['bønʊr]	fèves (f pl)
bacon (ett)	['bɛjkɔn]	bacon (m)
banan (en)	['banan]	banane (f)
bar (en)	['bar]	bar (m)
bartender (en)	['baːˌʈɛndər]	barman (m)
basilika (en)	[ba'silika]	basilic (m)
biffstek (en)	['bif‚stɛk]	steak (m)
bismak (en)	['bismak]	arrière-goût (m)
bit (en)	['bit]	morceau (m)
bitter	['bitər]	amer (adj)
björksopp (en)	['bjœrk‚sɔp]	bolet (m) bai
björnbär (ett)	['bjøːɳˌbæːr]	mûre (f)

bläckfisk (en)	['blʲɛkˌfisk]	calamar (m)
blåbär (ett)	['blʲoːˌbæːr]	myrtille (f)
blomkål (en)	['blʲʊmˌkoːlʲ]	chou-fleur (m)
bovete (ett)	['bʊˌvetə]	sarrasin (m)
bröd (ett)	['brøːd]	pain (m)
brax (en)	['braks]	brème (f)
broccoli (en)	['brɔkɔli]	brocoli (m)
brysselkål (en)	['brʏsɛlʲˌkoːlʲ]	chou (m) de Bruxelles
buljong (en)	[bu'lʲjɔŋ]	bouillon (m)
burköppnare (en)	['burkˌøpnarə]	ouvre-boîte (m)
cappuccino (en)	['kaputʃinʊ]	cappuccino (m)
champagne (en)	[ɦam'panʲ]	champagne (m)
choklad (en)	[ʃɔk'lʲad]	chocolat (m)
choklad-	[ʃɔk'lʲad-]	en chocolat (adj)
citron (en)	[si'trʊn]	citron (m)
cocktail (en)	['kɔktɛjlʲ]	cocktail (m)
cornflakes (pl)	['koːɳˌflɛjks]	pétales (m pl) de maïs
dadel (en)	['dadəlʲ]	datte (f)
dessert (en)	[dɛ'sɛːr]	dessert (m)
diet (en)	[di'et]	régime (m)
dill (en)	['dilʲ]	fenouil (m)
dricks (en)	['driks]	pourboire (m)
dricksvatten (ett)	['driksˌvatən]	eau (f) potable
druva (en)	['druːva]	raisin (m)
fågelbär (ett)	['foːɡəlʲˌbæːr]	merise (f)
förrätt (en)	['fœːræt]	hors-d'œuvre (m)
fett (ett)	['fɛt]	lipides (m pl)
fikon (ett)	['fikɔn]	figue (f)
fisk (en)	['fisk]	poisson (m)
fisk och skaldjur	['fisk ɔ 'skalʲˌjʉːr]	fruits (m pl) de mer
fläsk (en)	['flʲɛsk]	du porc
flasköppnare (en)	['flʲaskˌøpnarə]	ouvre-bouteille (m)
flugsvamp (en)	['flʲʉːɡˌsvamp]	amanite (f) tue-mouches
frukost (en)	['fruːkɔst]	petit déjeuner (m)
frukt (en)	['frʉkt]	fruit (m)
frukter (pl)	['frʉktər]	fruits (m pl)
fryst	['frʏst]	congelé (adj)
fyllning (en)	['fʏlʲniŋ]	garniture (f)
gädda (en)	['jɛda]	brochet (m)
gås (en)	['ɡoːs]	oie (f)
gös (en)	['jøːs]	sandre (f)
gaffel (en)	['ɡafəlʲ]	fourchette (f)
giftig svamp (en)	['jiftiɡ ˌsvamp]	champignon (m) vénéneux
gin (ett)	['dʒin]	gin (m)
glas (ett)	['ɡlʲas]	verre (m)
glass (en)	['ɡlʲas]	glace (f)
grädde (en)	['ɡrɛdə]	crème (f)
gräddfil, syrad grädden (en)	['ɡrɛdfilʲ], [syrad 'ɡredən]	crème (f) aigre
grönsaker (pl)	['ɡrøːnˌsakər]	légumes (m pl)
grönsaker (pl)	['ɡrøːnˌsakər]	verdure (f)

grönt te (ett)	['grœnt teː]	thé (m) vert
gröt (en)	['grøːt]	bouillie (f)
granatäpple (en)	[gra'natˌɛplʲe]	grenade (f)
grapefrukt (en)	['grɛjpˌfrʉkt]	pamplemousse (m)
gryn (en)	['gryn]	gruau (m)
gurka (en)	['gurka]	concombre (m)
hälleflundra (en)	['hɛlʲeˌflʉndra]	flétan (m)
höna (en)	['høːna]	poulet (m)
haj (en)	['haj]	requin (m)
hallon (ett)	['halʲɔn]	framboise (f)
hamburgare (en)	['hamburgarə]	hamburger (m)
hasselnöt (en)	['hasəlʲˌnøːl]	noisette (f)
havre (en)	['havrə]	avoine (f)
het, varm	['het], ['varm]	chaud (adj)
hirs (en)	['hyʂ]	millet (m)
honung (en)	['hɔnuŋ]	miel (m)
icke kolsyrat	['ikə 'kɔlʲˌsyrat]	plate (adj)
ingefära (en)	['iŋəˌfæːra]	gingembre (m)
is (en)	['is]	glace (f)
jordgubbe (en)	['jʉːdˌgubə]	fraise (f)
jordnöt (en)	['jʉːdˌnøːt]	cacahuète (f)
juice (en)	['juːs]	jus (m)
kål (en)	['koːlʲ]	chou (m)
kök (ett)	['ɕøːk]	cuisine (f)
körsbär (ett)	['ɕøːʂˌbæːr]	cerise (f)
kött (ett)	['ɕœt]	viande (f)
köttfärs (en)	['ɕœtˌfæːʂ]	farce (f)
kaffe (ett)	['kafə]	café (m)
kaffe med mjölk (ett)	['kafə me mjœlʲk]	café (m) au lait
kaka, bakelse (en)	['kaka], ['bakəlʲsə]	gâteau (m)
kalkon (en)	[kalʲˈkʊn]	dinde (f)
kall	['kalʲ]	froid (adj)
kalori (en)	[kalʲoˈriː]	calorie (f)
kalvkött (en)	['kalʲvˌɕœt]	du veau
kanel (en)	[ka'nelʲ]	cannelle (f)
kanin (en)	[ka'nin]	lapin (m)
kantarell (en)	[kanta'rɛlʲ]	girolle (f)
karp (en)	['karp]	carpe (f)
kaviar (en)	['kavˌjar]	caviar (m)
kiwi (en)	['kivi]	kiwi (m)
kniv (en)	['kniv]	couteau (m)
kokosnöt (en)	['kʊkʊsˌnøːt]	noix (f) de coco
kokt	['kʊkt]	cuit à l'eau (adj)
kolhydrater (pl)	['kɔlʲhyˌdratər]	glucides (m pl)
kolsyrat	['kɔlʲˌsyrat]	gazeuse (adj)
kolsyrat	['kɔlʲˌsyrat]	pétillante (adj)
kondenserad mjölk (en)	[kɔndɛn'serad ˌmjœlʲk]	lait (m) condensé
konditorivaror (pl)	[kɔnditʊ'riːˌvarʊr]	confiserie (f)
konfekt, karamell (en)	[kɔn'fɛkt], [kara'mɛlʲ]	bonbon (m)
konjak (en)	['kɔnʲak]	cognac (m)
konserv (en)	[kɔn'sɛrv]	conserves (f pl)
kopp (en)	['kɔp]	tasse (f)

koriander (en)	[kɔri'andər]	coriandre (m)
korkskruv (en)	['kɔrkˌskruː:v]	tire-bouchon (m)
korn (ett)	['kuː:ŋ]	orge (f)
korn, spannmål (ett)	['kuː:ŋ], ['spanˌmoː:lʲ]	grains (m pl)
korv (en)	['kɔrv]	saucisson (m)
kräftdjur (pl)	['krɛftˌjuː:r]	crustacés (m pl)
kräm (en)	['krɛm]	crème (f) au beurre
krabba (en)	['kraba]	crabe (m)
kremla (en)	['krɛmlʲa]	russule (f)
kronärtskocka (en)	['krʊnæːˌt̪skɔka]	artichaut (m)
krusbär (ett)	['kruː:sˌbæː:r]	groseille (f) verte
krydda (en)	['krʏda]	condiment (m)
krydda (en)	['krʏda]	épice (f)
kummin (en)	['kumin]	cumin (m)
kvällsmat (en)	['kvɛlʲsˌmat]	dîner (m)
läcker	['lʲɛkər]	bon (adj)
läskedryck (en)	['lʲɛskəˌdrik]	rafraîchissement (m)
lök (en)	['lʲøː:k]	oignon (m)
lömsk flugsvamp (en)	['lʲømsk 'fluː:gˌsvamp]	oronge (f) verte
lagerblad (ett)	['lʲagərˌblʲad]	feuille (f) de laurier
lammkött (ett)	['lʲamˌɕœt]	du mouton
languster (en)	[lʲaŋ'gustər]	langoustine (f)
lax (en)	['lʲaks]	saumon (m)
lemonad (en)	[lʲemɔ'nad]	limonade (f)
lever (en)	['lʲevər]	foie (m)
likör (en)	[li'køː:r]	liqueur (f)
lingon (ett)	['lʲiŋɔn]	airelle (f) rouge
lins (en)	['lʲins]	lentille (f)
ljust öl (ett)	['juː:stˌøː:lʲ]	bière (f) blonde
lunch (en)	['lʲʊnɕ]	déjeuner (m)
mörkt öl (ett)	['mœː:rktˌøː:lʲ]	bière (f) brune
majonnäs (en)	[majɔ'nɛs]	sauce (f) mayonnaise
majs (en)	['majs]	maïs (m)
majs (en)	['majs]	maïs (m)
makrill (en)	['makrilʲ]	maquereau (m)
mal (en)	['malʲ]	silure (m)
mandarin (en)	[manda'rin]	mandarine (f)
mandel (en)	['mandəlʲ]	amande (f)
mango (en)	['maŋgʊ]	mangue (f)
margarin (ett)	[marga'rin]	margarine (f)
marmelad (en)	[marme'lʲad]	marmelade (f)
mat (en)	['mat]	nourriture (f)
matsked (en)	['matˌʃed]	cuillère (f) à soupe
matsvamp (en)	['matˌsvamp]	champignon (m) comestible
med is	[me 'is]	avec de la glace
melon (en)	[me'lʲʊn]	melon (m)
meny (en)	[me'ny]	carte (f)
milkshake (en)	['milʲkˌʃɛjk]	cocktail (m) au lait
mineralvatten (ett)	[mine'ralʲˌvatən]	eau (f) minérale
mjöl (ett)	['mjøː:lʲ]	farine (f)
mjölk (en)	['mjœlʲk]	lait (m)

morot (en)	['mʊˌrʊt]	carotte (f)
murkla (en)	['mʉːrklʲa]	morille (f)
nejlika (en)	['nɛjlika]	clou (m) de girofle
nota (en)	['nʊta]	addition (f)
nudlar (pl)	['nɵːdlʲar]	nouilles (f pl)
nypressad juice (en)	['nyˌprɛsad 'juːs]	jus (m) pressé
oliver (pl)	[ʊː'livər]	olives (f pl)
olivolja (en)	[ʊ'livˌɔlja]	huile (f) d'olive
omelett (en)	[ɔməˈlʲet]	omelette (f)
ost (en)	['ʊst]	fromage (m)
ostron (ett)	['ʊstrʊn]	huître (f)
oxkött, nötkött (ett)	['ʊksˌɕœt], ['nøːtˌɕœt]	du bœuf
päron (ett)	['pæːrɔn]	poire (f)
paj (en)	['paj]	gâteau (m)
papaya (en)	[pa'paja]	papaye (f)
paprika (en)	['paprika]	paprika (m)
pasta (en), makaroner (pl)	['pasta], [maka'rʊnər]	pâtes (m pl)
paté (en)	[pa'te]	pâté (m)
peppar (en)	['pɛpar]	poivron (m)
pepparrot (en)	['pɛpaˌrʊt]	raifort (m)
persika (en)	['pɛʂika]	pêche (f)
persilja (en)	[pɛˈʂilja]	persil (m)
pistaschnötter (pl)	['pistaʃˌnœtər]	pistaches (f pl)
pizza (en)	['pitsa]	pizza (f)
plommon (ett)	['plʲumɔn]	prune (f)
portion (en)	[pɔːˈʈʉn]	portion (f)
potatis (en)	[pʊ'tatis]	pomme (f) de terre
potatismos (ett)	[pʊ'tatisˌmʊs]	purée (f)
proteiner (pl)	[prote'iːnər]	protéines (f pl)
pudding (en)	['pudiŋ]	pudding (m)
pumpa (en)	['pumpa]	potiron (m)
rädisa (en)	['rɛːdisa]	radis (m)
räka (en)	['rɛːka]	crevette (f)
rätt (en)	['ræt]	plat (m)
råg (en)	['roːg]	seigle (m)
röda vinbär (ett)	['røːda 'vinbæːr]	groseille (f) rouge
rödbeta (en)	['røːdˌbeta]	betterave (f)
rödpeppar (en)	['røːdˌpɛpar]	poivre (m) rouge
rödspätta (en)	['røːdˌspæta]	flet (m)
rödvin (ett)	['røːdˌvin]	vin (m) rouge
rökt	['rœkt]	fumé (adj)
recept (ett)	[re'sɛpt]	recette (f)
ris (ett)	['ris]	riz (m)
rom (en)	['rɔm]	rhum (m)
rova (en)	['rʊva]	navet (m)
russin (ett)	['rusin]	raisin (m) sec
sås (en)	['soːs]	sauce (f)
söt	['søːt]	sucré (adj)
saffran (en)	['safran]	safran (m)
sallad (en)	['salʲad]	laitue (f), salade (f)
sallad (en)	['salʲad]	salade (f)

salt	['salʲt]	salé (adj)
salt (ett)	['salʲt]	sel (m)
sardin (en)	[saːˈd̪iːn]	sardine (f)
selleri (en)	['sɛlʲeri]	céleri (m)
senap (en)	['seːnap]	moutarde (f)
servitör (en)	[sɛrviˈtøːr]	serveur (m)
servitris (en)	[sɛrviˈtris]	serveuse (f)
sesam (en)	['sesam]	sésame (m)
sill (en)	['silʲ]	hareng (m)
skal (ett)	['skalʲ]	peau (f)
sked (en)	['ɧed]	cuillère (f)
skinka (en)	['ɧiŋka]	jambon (m)
skinka (en)	['ɧiŋka]	cuisse (f)
skiva (en)	['ɧiva]	tranche (f)
skogssmultron (ett)	['skʊgsˌsmulʲtrɔːn]	fraise (f) des bois
småkakor (pl)	['smoːkakʊr]	biscuit (m)
smör (ett)	['smœːr]	beurre (m)
smörgås (en)	['smœrˌgoːs]	sandwich (m)
smak (en)	['smak]	goût (m)
Smaklig måltid!	['smaklig 'moːlʲtid]	Bon appétit!
smula (en)	['smulʲa]	miette (f)
snabbkaffe (ett)	['snabˌkafə]	café (m) soluble
socker (ett)	['sɔkər]	sucre (m)
soja (en)	['sɔja]	soja (m)
solrosolja (en)	['sʊlʲrʊsˌɔlja]	huile (f) de tournesol
soppa (en)	['sɔpa]	soupe (f)
spagetti	[spaˈgɛti]	spaghettis (m pl)
spannmål (ett)	['spanˌmoːlʲ]	céréales (f pl)
sparris (en)	['sparis]	asperge (f)
spenat (en)	[speˈnat]	épinard (m)
squash, zucchini (en)	['skvɔːɕ], [suˈkini]	courgette (f)
stör (en)	['støːr]	esturgeon (m)
stekt	['stɛkt]	frit (adj)
stekt ägg (en)	['stɛkt ˌɛg]	les œufs brouillés
stensopp (en)	['stenˌsɔp]	cèpe (m)
svamp (en)	['svamp]	champignon (m)
svart kaffe (ett)	['svaːʈ 'kafə]	café (m) noir
svart te (ett)	['svaːʈ ˌteː]	thé (m) noir
svarta vinbär (ett)	['svaːʈa 'vinbæːr]	cassis (m)
svartpeppar (en)	['svaːʈˌpɛpar]	poivre (m) noir
sylt (en)	['sylʲt]	confiture (f)
sylt, marmelad (en)	['sylʲt], [marmeˈlʲad]	confiture (f)
sylt-	['sylʲt-]	mariné (adj)
tårta (en)	['toːʈa]	tarte (f)
tallrik (en)	['talʲrik]	assiette (f)
tandpetare (en)	['tandˌpetarə]	cure-dent (m)
te (ett)	['teː]	thé (m)
tefat (ett)	['teˌfat]	soucoupe (f)
tesked (en)	['teˌɧed]	petite cuillère (f)
tillbehör (ett)	['tilʲbeˌhør]	garniture (f)
tomat (en)	[tʊˈmat]	tomate (f)
tomatjuice (en)	[tʊˈmatˌjuːs]	jus (m) de tomate

tonfisk (en)	['tʊnˌfisk]	thon (m)
torkad	['tɔrkad]	sec (adj)
torsk (en)	['tɔːʂk]	morue (f)
tranbär (ett)	['tranˌbæːr]	canneberge (f)
tuggummi (ett)	['tugˌgumi]	gomme (f) à mâcher
tunga (en)	['tuŋa]	langue (f)
våffle (en)	['vɔflʲe]	gaufre (f)
valnöt (en)	['valʲˌnøːt]	noix (f)
vatten (ett)	['vatən]	eau (f)
vattenmelon (en)	['vatənˌme'lʲʊn]	pastèque (f)
vegetabilisk olja (en)	[vegeta'bilisk 'ɔlja]	huile (f) végétale
vegetarian (en)	[vegetiri'an]	végétarien (m)
vegetarisk	[vege'tarisk]	végétarien (adj)
vermouth (en)	['vɛrmut]	vermouth (m)
vete (ett)	['vetə]	blé (m)
vilt (ett)	['vilʲt]	gibier (m)
vin (ett)	['vin]	vin (m)
vinglas (ett)	['vinˌglʲas]	verre (m) à vin
vinlista (en)	['vinˌlista]	carte (f) des vins
vitamin (ett)	[vita'min]	vitamine (f)
vitlök (en)	['vitˌlʲøːk]	ail (m)
vitvin (ett)	['vitˌvin]	vin (m) blanc
vodka (en)	['vodka]	vodka (f)
whisky (en)	['viski]	whisky (m)
wienerkorv (en)	['viŋɛrˌkɔrv]	saucisse (f)
yoghurt (en)	['joːgɵːt]	yogourt (m)

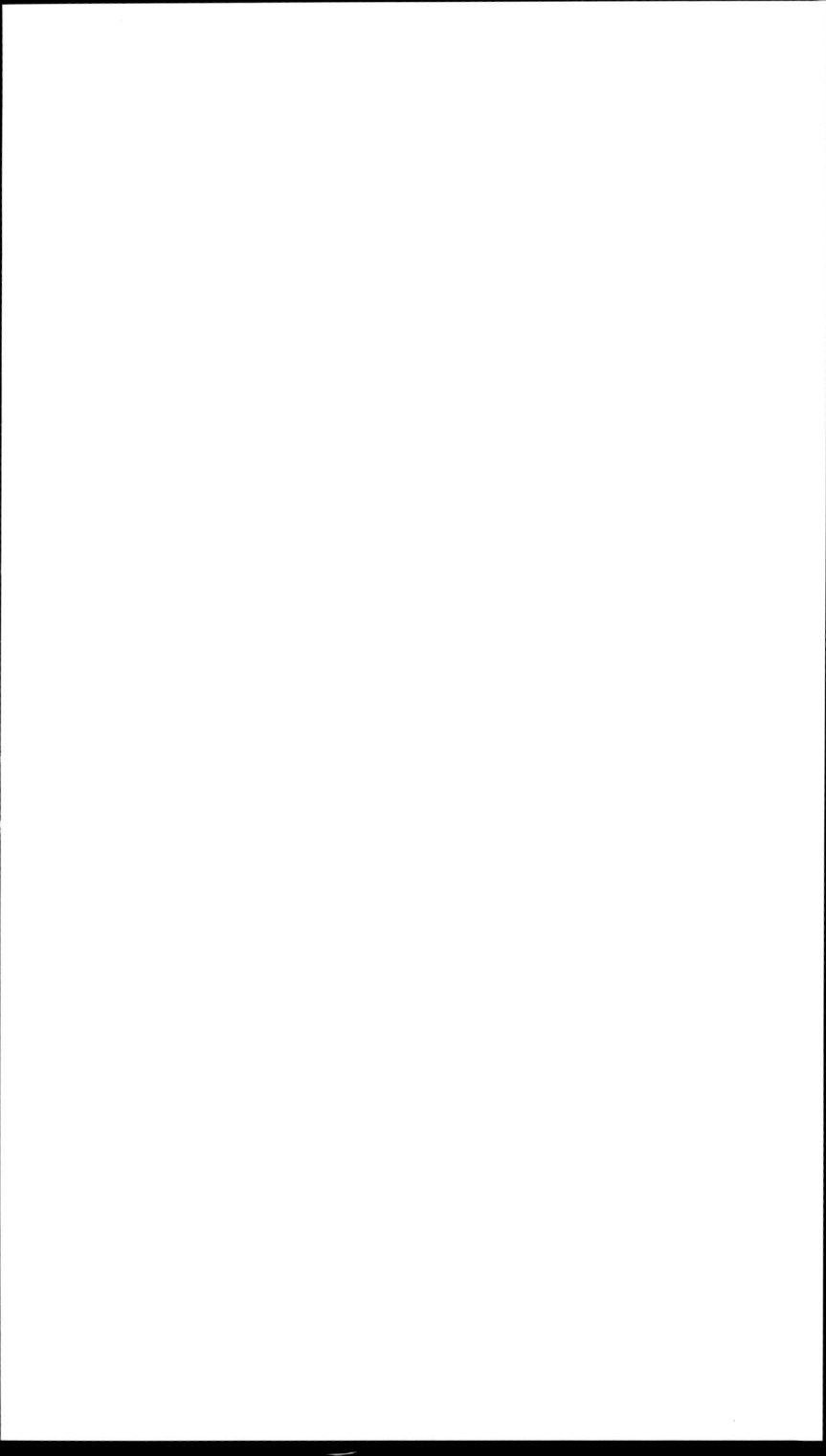

www.ingramcontent.com/pod-product-compliance
Lightning Source LLC
LaVergne TN
LVHW022315080426

835509LV00037B/3046